KB264982

시작하라

시작하라

1판 1쇄 인쇄| 2012년 03월 10일
1판 2쇄 발행| 2012년 08월 11일

지은이| 장성철
발행인| 이용길
발행처| MOABOOKS 모아북스

기획총괄| 정윤상
관리| 정 윤
디자인| 이룸

출판등록번호| 제 10-1857호
등록일자| 1999. 11. 15
등록된 곳| 경기도 고양시 일산구 백석동 1332-1 레이크하임 404호
대표 전화| 0505-627-9784
팩스| 031-902-5236
홈페이지| http://www.moabooks.com
이메일| moabooks@hanmail.net
ISBN| 978-89-97385-09-6   03320

시작하라

장성철 지음

모아북스
MOABOOKS

어려운 때일수록 꼭 필요한
자기경영 노하우

최근 (나날이 극심해지는 양극화 현상) 우리 사회의 중요한 화두 중에 하나로 등장했다. 98년부터 시작된 몇 번의 경제위기는 부자들보다는 서민들에게 가혹한 경제 환경을 낳아놓았다. 대폭 줄어든 일자리, 높은 물가상승률과 집값, 높아진 은행 문턱 등 이제는 '더 열심히 살다보면 나아지겠지.' 하는 희망마저 쉽게 가질 수 없는 시대가 되어버렸다.

그렇다 보니 이제 평범한 서민이 부자가 된다는 것은 꿈속에서나 가능한 일처럼 느껴진다. 부자가 부자로 사는 건 어렵지 않으나, 서민이 부자가 된다는 것은 결코 쉽지 않다고 생각한다. 아니, 평범한 서민도 좋으니 빈곤층으로 전락하는 위험에서만 벗어나도 다행이라고 여긴다.

하지만 돈 없는 서민이 부자되는 길이 전혀 없는 것은 아니다. 물론 여기에는 로또나 주식, 부동산 투기 같은 '한 방 대박' 은 해당되지 않는다. 반대로 필요한 것은 마음속에 끓어오르는 열정과 정확한 목표, 그것을 행동으로 옮기는 행동력이다.

실로 성공에는 세 가지 중요한 키워드가 있다. 생각, 실천, 습관이다. 이 세 가지 없이는 절대로 부자가 될 수 없다. 일단 부자가 되기 위해 무엇을 할 것인가를 고민하는 생각, 두 번째는 이것을 행동으로 옮기는 실천, 세 번째는 부자가 되기 위한 노력을 유지하는 습관이 그것이다.

그렇게 잔재주로 승부를 보려 들지 않고 원칙에 충실하게 나아가다 보면 일정한 단계를 넘어 자동으로 부자로 성장하는 일종의 부자 시스템을 구축할 수 있게 된다. 이 책은 바로 그 '돈 없는 일반인이 자동으로 부자가 되는 시스템'을 소개한 책이다.

물론 여기서 자동이라는 말은 노력이 필요 없다는 의미가 아니다. 구축할 때까지는 고단한 노력이 필요하지만 일단 구축해놓으면 저절로 수익구조가 발생하는 시스템에 대한 이야기다.

어쩌면 이 책에서 말하는 것들도 '뻔한 이야기'로 느껴질지 모른다. 하지만 그럴수록 귀를 기울여야 한다. 성공은 결국 성공하는 원칙을 성실하게 밟아나간 이들의 몫이기 때문이다.

그렇다면 이 책은 누구를 위한 책일까?

▶ 부모의 유산 없이도 스스로 성공하고 싶은 이들

▶ 횡재가 아닌 시스템 구축을 통해 성공을 성취하고 싶은 이들

▶ 시간과 경제적 자유를 평생 누리고 싶은 이들

▶ 인내를 가지고 장기적인 성공을 도모해 부자가 되고 싶은 이들

▶ 돈만 많이 버는 비즈니스가 아닌 진정한 삶의 성공을 이끄는
  비즈니스를 찾는 이들

이런 분들에게 이 책은 우리가 알면서 놓치고 살아가는 중요한 성공 비즈니스의 원칙을 상기시켜주는 기회, 평범한 이들이 어떻게 부자가 되었는지를 꼼꼼하게 되짚어 정리한 보고서가

될 것이다.

지금 이 책의 첫 장을 펼치기로 했다면 셋방을 전전하고, 하루 세 끼 라면만 먹고 살았어도, 기회를 그 가난의 터널을 반드시 빠져나올 수 있음을 믿어야 한다. 또한 그 믿음으로 이 책을 꼼꼼히 읽고 실천해가면서 자기경영 노하우를 습득하다 보면, 그간 발견하지 못했던 부자가 되는 시스템의 원리와 원칙을 습득할 수 있을 것이다.

장 성 철

자기진단 : 당신의 경제적 상황은 안전한가?

① 자신의 현재 재산과 수입은 어느 정도라고 생각하는가?

: ㉠ 아주 많다(   ) ㉡ 많은 편이다(   ) ㉢ 보통이다(   )

㉣ 적은 편이다(   ) ㉤ 보잘 것 없다(   )

② 돈에 대한 지식이 풍부하고 돈에 대한 분명한 정의가 있는 편인가?

: ㉠ 아주 그렇다(   ) ㉡ 그런 편이다(   ) ㉢ 보통이다(   )

㉣ 부족하다(   )

③ 내 주변 사람들의 경제 상황은 어떤가?

: ㉠ 부유한 편이다(   ) ㉡ 보통이다(   ) ㉢ 가난하다(   )

④ 자신이 무엇을 하고 싶고, 그것을 하려면 어느 정도의 시간과 자금이 들고, 그 돈을 어떻게 마련할 것인지 정도의 계획은 가지고 있는가?

: ㉠ 충분히 가지고 있다(   ) ㉡ 잘 아는 편이다(   )

㉢ 감은 잡고 있다(   ) ㉣ 거의 모른다(   )

㉤ 아예 관심이 없다(   )

⑤ 만일 지금부터 수입이 끊긴다면 앞으로 얼마나 버틸 수 있겠는가?

: (   ) 개월

⑥ 돈이란 무엇이고, 재산이란 무엇이며, 이것들이 내 인생에 어떤 의미인지 정의를 내려보라.

: ___________________________________

____

⑦ 자신이 큰 부자가 될 수 있는 사람이라고 생각하는가?

: ㉠ 아주 그렇다(   ) ㉡ 다소 그렇다(   ) ㉢ 그렇지 않다(   )

㉣ 전혀 그렇게 생각지 않는다(   )

⑧ 재테크 등 돈을 불리는 것에 관심을 두고 지속적으로 행하는가?

: ㉠ 아주 그렇다(   ) ㉡ 다소 그렇다(   ) ㉢ 그렇지 않다(   )

㉣ 전혀 그렇지 않다(   )

⑨ 돈을 버는 것과 쓰는 것에 대해, 그리고 돈이 얼마나 중요한지에 대해 어떤 생각을 가지고 있는지 적어보자.

: ___________________________________

____

⑩ 질문들을 살펴볼 때 당신의 지금 경제적 상황은 전체적으로 어느 정도인 것 같은가?

: ㉠ 아주 좋은 상황이다(   ) ㉡ 괜찮은 수준이다(   )

㉢ 보통이다(   ) ㉣ 그다지 좋지는 않다(   )

㉤ 아주 나쁜 상황이다(   )

⑪ 자가진단을 마치고 난 뒤에 어떤 생각과 기분이 드는지 적어보자.

: ____

____

____

|차 례|

4부 돈이 없어도 재테크 공부는 할 수 있다…77

5부 '맞다, 맞아!' 새로운 시작…93

1) 승자 독식, 이 '야만의 시대'

2012년 현재, 한국의 절대 빈곤층은 7%로 증가했다. 절대빈곤층이란 정부 보조 없이는 생계조차 유지하기 힘든 이들을 말한다. 한때 우리나라는 중위소득의 50%에서 150%까지를 의미하는 '중산층'이 인구의 70%였으나 지금은 60%에도 못 미친다.

중산층이 줄어든 만큼 빈곤층은 늘어났다. 매해 1만 명 이상이 절대빈곤층으로 떨어져 총 절대빈곤 인구가 전체 인구의 7%, 상대빈곤 인구는 20%를 넘는다. 반면 상위 10% 인구는 소득과 자산이 더 늘었다. 부자들은 더 부자가 되었고, 중산층은 실질소득이 줄었으며, 가난한 사람들은 더 가난해졌다.

재기가 불가능한 절대 빈곤층

많은 이들이 서울을 기회의 도시로 여긴다. 일자리도 많고 다양한 문화들을 즐길 수 있기 때문이다. 또한 교육 수준도 높다. 그러다 보니 70년대부터 지금까지도 지방에서 서울로 올라와 자리를 잡으려는 행렬이 끊이지 않는다.

그러나 그런 이들은 한 가지 사실을 간과하고 있다. 서울은 가난한 이들에게는 더 가난한 도시이며, 가진 사람들에게만 화려한 도시라는 점이다. 실로 우리나라의 절대 빈곤층들의 많은 수가 서울에 산다.

평균 절대 빈곤층이 7%라면 서울에는 이보다 더 많은 빈곤층들이 산다는 이야기다. 화려한 마천루 사이에 빼곡하게 들어선 판자촌들, 어두운 도시 뒤편의 쪽방들을 본 적이 있는가?

이들 중에는 서울에서 태어나 토박이로 오랜 세월을 살아온 사람들도 있지만, 그중에 많은 수가 열심히 살아보겠다고 지방에서 서울로 올라왔다가 빈곤층으로 전락한 경우다.

나 역시 서울로 올라와 온갖 고생을 다 했다. 지방에서 올라와 물정 모르는 사람 취급을 당할까 더 열심히 살았다. 자식을 낳고 안정되기까지 그야말로 나락으로 떨어질 뻔한 순간이 한두 번이 아니었다.

매월 나가는 생활비는 물론 나날이 오르는 물가, 내 집을 사보겠다고 돌아봐도 너무 높은 가격에 기가 질려 돌아섰던 날들이었다. 한 달이라도 일하지 않으면 온 가족이 손가락 빨며 굶어야 했다. 그러다가 문득 주변을 둘러보면 박탈감에 사로잡히기도 했다. 나는 한 번도 마음 놓고 가보지 못한 식당과 백화점들은 어떻게 저리 매일 붐빌까? 대체 저 사람들은 누구일까?

출발부터 불공평한 삶

자, 여기에 두 사람이 있다. 한 사람은 서울에서 태어나 서울에 집이 있는 중산층 부모가 있다. 기본적으로 서울에서 교육을 받았고, 이덕에 대학에 들어갔다.

또 한 사람은 지방에서 수재라고 불리며 반에서 상위권에 드는 실력을 가졌지만 집안 형편은 그다지 좋지 않다. 이 학생이 대학에 합격해서 서울로 올랐다. 어떤가?

여러분 생각에 이들이 30대가 되었을 때, 과연 어느 쪽이 더 나은 생활을 하고 있을지 상상해 보았는가?

어린 시절은 차치하고, 대학부터 시작해보자. 요즘은 대학 등록금이 '미친 등록금' 이라는 불리는 시대다. 서울 학생이나 지방에서 올라온 학생이나 등록금은 매한가지지만, 지방 학생들은 또 하나의 부담이 가중된다. 바로 하숙비와 생활비다.

실로 대학가 주변에는 수많은 자취촌들이 형성되어 있는데 대부분 월세가 30~40만 원부터 시작한다. 큰돈을 마련해 전세를 얻을 만한 조건이 안 되면 고스란히 이 월세를 지불해야 한다. 기숙사에 들어가는 것도 한계가 있기 때문이다. 이 때문에 지방에서 온 대학생들은 서울에 안정적인 조건을 가진 학생보다 더 많은 아르바이트를 해야 하고, 그러다 보니 성적도 그들보다 낮을 수밖에 없다.

그뿐일까? 부모가 도와줄 능력이 되지 않으므로 이후 10년도 비슷하다. 어렵사리 취직해서 열심히 돈을 모으고 결혼을 해도 월세나 전셋집에서 시작하는 경우가 대부분이다. 이사가 잦고 아이가 생기면 양육비 문제도 만만치 않다. 또한 집을 산다고 해도 앞으로 10년은 대출금을 갚는 데 인생 대부분의 시간을 써야 할지 모른다.

치열한 경쟁과 가난의 세습

그렇다면 두 번째 학생은 어떨까? 수입이 일정한 중산층이니 약간의 대출을 받았더라도 안정적으로 등록금을 낼 수 있을 것이다. 또한 등록금 걱정을 하지 않아도 되므로 열심히 공부하고, 부모의 지원으로 어학연수 등을 자유로이 다녀올 수 있다.

졸업 후에는 취업을 하거나 부모의 지원을 받아 취업 준비를 하고, 이도저도 아니라면 유학을 다녀와도 된다.

결혼 후에도 비슷하다. 아버지가 집을 마련해줄 능력이 되므로 편안하게 아이를 키우고 남은 돈은 꾸준히 투자하고 저축한다. 또한 이들의 아이 또한 비슷하게 자랄 것이다.

자, 이것이 바로 승자독식의 룰이다. 여러분은 어떻게 생각하는가? 이것이 과연 올바르다고 믿는가?

물론 부모의 경제력이 자식들의 미래를 완벽히 결정하는 것은 아니며, 지방 출신의 자녀이거나 서울 의사의 자녀라고 해서 모두가 위와 같은 삶을 사는 것은 아니다. 때로는 저 위치가 역전되거나 뒤바뀌기도 한다.

하지만 현재 우리 사회는 말 그대로 가난이 대를 잇고, 부자는 삼대를 가는 시대로 바뀌고 있다. 끊임없이 경쟁의 산을 넘어야 하는데 그때마다 이 가난과 부유함이 상대적으로 큰 차이를 만들어내고 있다. 그러다 보니 최초의 생활이 역전되기 어렵고, 부자는 점점 부자가 되고, 가난한 사람은 점점 가난해진다. 이른바 승자가 모든 것을 독식하는 시대에 살고 있다.

2) 가난의 대물림과 수많은 경쟁

불과 100년 전만 해도 우리 사회는 철저한 계급 사회였다. 양반과 평민이 정해져 있어서 양반으로 태어난 사람은 죽을 때까지 양반이고, 평민으로 태어난 사람 역시 죽을 때까지 그 계급을 넘지 못했다.

현대사회는 달라졌다. 신분제도가 없으며 모든 이들에게 동등한 권리를 부여함으로써 모든 이들이 의무교육을 받을 수 있고, 같은 법을 적용 받고 있다. 하지만 현실은 조금 다르다. 신분 질

서가 사라지고 상류 사회로 올라가려는 치열한 경쟁 속에서 부자가 생겨나고, 가난한 이들이 생겨난다.

즉 현대사회에서는 신분의 평등이 계급의 평등을 의미하지 않으며, 옛날의 계급은 정통성에 기인했다면, 현대사회의 계급은 대체로 경제력으로 결정된다고 볼 수 있다.

유전무죄, 무전유죄

지난 98년 시작된 IMF 외환위기를 기억하는가. 그 이후에도 우리는 몇 차례의 심각한 경제위기를 거쳤다. 그 과정에서 우리 사회는 승자독식의 형태로 재편되고 유전무죄, 무전유죄라는 새로운 생활패턴을 낳아놓았다. 말로는 평등한 사회라고 하지만 결국 더 많이 가진 자들이 더 많은 혜택을 누리게 되어 있다.

혹시 88만원 세대라는 말을 들어본 적이 있는가?

상위 10%의 부자가 아닌 대부분의 사람들은 의무교육을 받고 졸업해도 한 달 월급 88만원에 불과한 삶을 살고 있다. 세상에 존재하는 거의 모든 훌륭한 혜택은 돈 많고 여유 있는 자들이 누리고, 나머지는 한 달 월급 88만원을 받아가며 생계를 유지하는 데 거의 모든 시간을 사용한다. 이른바 가진 자들, 경쟁의 승자가 모두를 싹쓸이하는 세상, 승자독식 세상이 펼쳐지고 있는 것이다.

무너진 사회 형평성

물론 현대사회는 치열한 경쟁사회인 만큼 강한 자가 살아남는 게 당연한지도 모른다. 하지만 이는 모두가 행복하고 평등할 수 있어야 한다는 우리 사회의 규칙과는 정면으로 위배된다.

실로 법이 제정해놓은 최소한의 형평성이 무너진다면, 그 이후로는 야만의 시대가 펼쳐질 수밖에 없다. 그간 인간의 평등함을 명시해놓았던 법과 제도의 힘도 미비해지고, 이른바 돈이면 무엇이든 다 된다는 배금주의가 그 사회를 지배할 수밖에 없다.

그렇다면 지금 현대사회의 구조를 도형으로 그려본다면 어떤 모습으로 그릴 수 있을까?

흔히 양극화가 벌어지는 세상의 형태는 8자 형태이다. 중간 계층이 무너지면서 빈곤층으로 하락하고, 반대로 상류층은 더욱 견고해지면서 빈곤층과 상류층 사이에 도저히 넘을 수 없는 두꺼운 벽이 만들어지게 된다. 오직 상류층과 빈곤층만 존재하는 8자 형태가 나타나는 것이다.

인간다운 삶을 되찾기 위해

이런 사회에서는 이른바 형평성도 제대로 기능할 수 없을뿐더러 서로를 배척하는 극단적인 증오가 횡행하게 되면서 사회적 합의가 어려워지게 된다. 그렇다면 이 같은 불평등한 사회에서 벗어나 인간다운 삶을 누릴 방법은 없는 걸까?

또한 여러분은 앞으로 어느 계층에 속하게 될지 생각해본 적이 있는가? 비록 지금은 직장을 다니고 일정한 수입이 있다고 쳐도, 매순간 경쟁에서 뒤처지면 곧바로 나락이라는 불안을 안고 살아가게 될 것이라는 점을 생각해본 적이 있는가?.

3) 푸어(Poor) 로 살아가는 당신에게 고함

최근 유행하는 신조어 중에 '푸어' 시리즈가 있다. 워킹푸어, 하우스푸어, 렌탈푸어, 렌트푸어, 웨딩푸어, 베이비푸어 등 뒷부분에 'Poor' 즉 '가난한 사람' 을 뜻하는 말을 붙여 만든 신조어들이다.

이 신조어들은 일종의 유행어인 동시에 우리 사회의 모습을 담고 있는 이면이기도 하다. 사실상 대한민국 대부분 사람들은 물 위에 유유히 떠 있기 위해 물 밑으로는 수없는 발길질을 해야 하는 백조들처럼, 겉으로는 기본적으로 누려야 할 것들을 누리고 살아가지만, 그 안을 들여다보면 하루하루가 아슬아슬하다.

21세기의 푸어는 누구인가

워킹푸어는 쉽게 말해 일해도 가난한 사람들을 뜻한다. 직장이 있어서 일을 하더라도 비정규직이거나 많지 않은 월급을 받는 탓에, 아무리 일해도 형편이 나아지지 않는 이들이다. 이런 경우에는 갑작스러운 병이나 실직을 당할 경우 한 순간에 빈곤층으로 전락하게 된다. 특히 요즘처럼 임시직이나 비정규직 노동자가 증가하고, 경기침체와 물가상승이 지속되면서 스스로를 워킹푸어라고 생각하는 이들도 증가하고 있다.

그런가 하면 하우스푸어도 있다. 달랑 집 한 채만 있을 뿐 막상 생계에는 어려움을 겪는 이들이다. 실로 지난해 자기 집을 가진 가구의 가계 빚이 가처분 소득보다 1.4배 빠르게 증가했다는 통계가 있다.

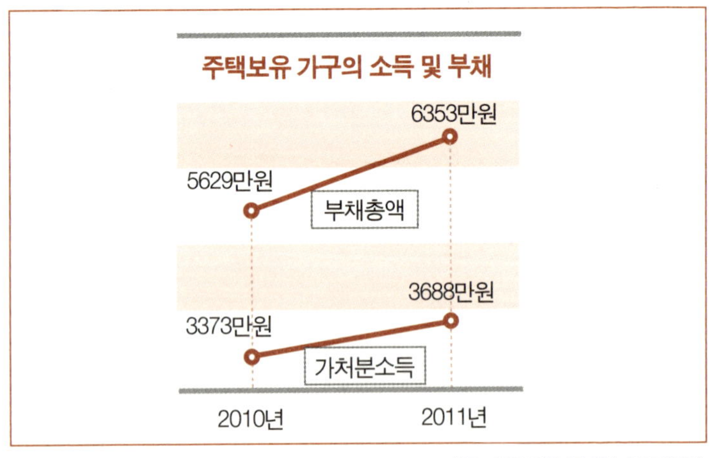

자료 : 한국은행, 통계청, 금융감독원

이는 집을 사기 위해 무리하게 금융 대출을 받아 빚 부담에 허덕이는 중산층이 늘어났다는 의미이다. 게다가 올해도 높은 실업률로 인해 가계소득이 더 줄어들면서 집 한 채만 있을 뿐 부채와 이자를 감당할 능력이 없는 하우스푸어는 계속 늘어만 가고 있다.

하우스푸어는 우리의 현실이다

뿐만 아니라 전세보증금을 올려주느라 수천만 원씩 빚을 떠안고 사는 렌트푸어도 있다. 이들은 치솟는 전세 값을 감당하는 데 소득의 대부분을 지출하느라 여유가 없다. 하우스 푸어의 전세판인 셈이다.

특히 수도권의 전세 값이 나날이 상승하면서, 비싼 전세 값을 내지 못해 싼 전셋집을 찾아 떠도는 '전세난민'이 생겨나고 집주인들이 전세 값 상승분을 월세로 돌리면서 '반전세'도 크게 늘었다. 이런 렌트푸어들에게 내 집 마련은 언감생심이다.

비단 집뿐일까, 비데도 정수기도, 그 외의 가전제품들을 빌려서 매달 일정한 대금을 지불하고 사는 사람들도 모두 일종의 렌트푸어일 것이다.

나아가 아이를 낳아 양육비에 모든 걸 쏟아 부어야 하는 베이비푸어, 결혼하기 위해 빚을 져야만 하는 웨딩푸어들도 있다.

사회적 불평등이 개인의 불행을 양산한다

이처럼 우리 삶은 대부분 모래성 위에 지어진 집처럼 언제 무너질지 모르는 위기 아래 놓여 있다. 게다가 나날이 심각해지는 양극화 속에서 자칫 잘못하다가는 이 만큼의 안정조차 언제 나락으로 곤두박질 칠지 모른다.

그렇다면 과연 이런 불안한 삶을 언제까지 이어갈 것인가? 과연 이 모든 건 개인의 노력이 부족해서 생겨난 결과일까?

부자는 놀아도 부자가 되고, 가난하고 평범한 서민들은 아무리 열심히 일해도 부자가 될 수 없는 이 현실을 그냥 지켜만 보고 있어야만 하는가?

4) 이젠 승자독식의 룰을 탈출해야 한다

최근 양극화의 심화로 불평등 구조가 강화되면서 이 같은 불평등 구조를 개혁하고 기회와 경제 분배의 평등을 되찾아야 한다는 목소리가 높아지고 있다. 물론 이 같은 사회적 자성 또한 승자독식의 세상을 바꿔나가는 데 중요한 기폭제가 된다.

그러나 불평등한 세상에서 자신의 몫을 되찾기 위해 우리는 또 한 가지 중요한 사실을 깨달을 필요가 있다. 과연 이런 불평등한 구조를 당연하게 여기는 개개인의 나태하고 의심 없는 마음이다.

코끼리 말뚝에 묶여 있지는 않은가

코끼리는 세상에서 가장 몸집이 큰 동물 중에 하나다. 만일 코끼리가 마음먹고 사람을 해치려 든다면 어마어마한 인명 피해가 날 수 있다. 그런데 코끼리를 움직이게 하는 서커스단의 코끼리는 어째서 그토록 온순한 것일까?

코끼리를 길들이는 방법은 어렵지 않다. 아주 어릴 때부터 발목에 사슬을 매어 말뚝에 묶어 놓는 것이다. 어린 코끼리는 말뚝에서 벗어나려고 여러 번 애를 쓴다. 하지만 그럴 때마다 좌절한다. 아직 어려서 힘이 모자라 사슬을 끊을 수 없기 때문이다.

그런데 문제는 나중에 어른 코끼리가 되어서다. 그렇게 하루하루 오랜 시일이 흐르다 보면 나중에는 말뚝을 뽑고 사슬을 끊을 충분한 힘이 생겨도 말뚝에서 벗어나려고 하지 않는다. 어차피 해봐도 안 된다는 자포자기에 빠졌기 때문이다.

주변을 둘러보면 그저 하루하루를 열심히 살 뿐, 자신이 어째서 경제적 난관에서 벗어날 수 없는지 생각해보지 않는 이들이 난관을 이겨내고 정당하게 부를 얻고자 노력하는 이들보다 훨씬 많다.

그저 이 모든 것을 운이 나빠서라거나, 개인의 능력이 부족해서 생긴 결과라고 믿어버린다. 그저 하루하루 최선을 다하면 어려움에서 벗어날 수 있을 것이라고 생각한다.

그러나 그저 살아가는 것만으로는 결코 지금의 상황에서 벗어날 수 없다. 이것이 명백한 현실이다.

승자독식의 룰은 우리 마음에서 생겨난다

세계적으로 성공한 사람들은 세상의 불공정함을 탓하기 이전에 자신의 나태함에서 벗어난 이들이다. 어차피 세상에 공정한 게임은 없다는 정답을 일찍 깨우친 셈이다.

쉽게 생각해보자. 수많은 계층이 존재하는 대한민국 사회에서 모두가 똑같은 환경, 모두가 똑같은 인간관계, 모두가 똑같은 경제적 상태를 부여받을 수는 없다. 이중에 더 많이 가진 환경에서 태어난 이들은 유리한 조건에서 경쟁을 시작한다. 이 사실은 변하지 않는 원칙적인 사실이다.

하지만 현실을 푸념하기에 우리 인생은 너무나 짧다. 현재의 조건들과 상황들을 냉철하게 분석하는 것도 중요하지만, 그렇게 시행한 분석과 성찰을 내 삶에 대입시켜 변화를 이끌어내는 추동력이 우리 인생을 바꾸는 힘이 된다.

패러다임의 변화라는 기회를 잡아라

하지만 이 모두를 개인의 노력만으로 진행하기는 어렵다. 거기에서 필요한 것이 바로 시대의 변화를 읽는 눈이다. 현재 우리는 시대라는 커다란 울타리 안에 얽매인 존재일 수밖에 없다. 지금과 같은 승자독식의 룰도 바로 시대의 산물인 셈이다. 그렇다면 그 필연적 상황을 벗어나 새로운 환경을 만들어갈 방법은 없는 것일까?

역설적이게도 시대의 족쇄를 벗어나는 방법은 시대를 읽는 눈에서 시작된다. 매 시대마다 벌어지는 새로운 변화의 물결을 추동력으로 삼는 것이다. 실로 많은 이들이 무언가를 시작할 때면 시대의 변화를 살핀다. 그 때문에 부동산 투자가 주식투자로, 주식투자가 다시 펀드투자로, 나아가 앞으로도 새로운 형태의 투자들이 성행할 것이다.

하지만 이는 어디까지나 단편적 투자에 불과하며, 큰 실패의 위험성이 존재한다. 반면 진정한 투자는 나 자신에 대한 투자이며, 이는 시대의 변화를 읽고 성공의 기회를 가늠해 새롭게 도전해볼 수 있는 용기와 힘을 기르는 일일 것이다. 그것은 아마 1인 비즈니스 형태도 가능할 것이다.

그렇다면 지금의 승자독식의 룰을 깨는 공정한 경쟁과 비즈니스의 장을 찾아낼 만한 안목을 당신은 준비해야 한다.

우선은 당신이 어떤 상황에 놓여 있고 앞으로 무엇을 준비해야
할지 진지하게 고민해봐야 하지 않을까?

다음 장을 연이어 살펴보도록 하자.

승자 독식에서 벗어나기 위한 방법

1) 현실 점검하기

2) 퇴직과 노후에 대한 준비는 되었는가?

3) 잡(JOB)에 대한 구축

1) 현실 점검하기

사람은 꿈을 꿀 때 가장 힘이 넘친다고 한다. 하지만 새로운 계획과 꿈은 어디까지나 내게 주어진 바탕에서 시작되어야 한다. 당장 빠듯한 생활수준에서 갑자기 큰 사업을 벌일 수 없는 것처럼 꿈과 계획도 지금 이 순간의 현실에서 진행되어야 한다.

그런 의미에서 현재 우리자신 대부분이 처한 경제 상황과 그에 상응하는 내 상황을 되짚어보는 것이야말로 새로운 꿈을 꾸기에 앞서 선행되어야 할 조건일 것이다.

이처럼 꼼꼼한 현실 되짚기는 무턱대고 높은 목표를 잡았다가 좌절하거나, 반대로 자신을 과소평가하는 실수를 줄여준다.

● 돈 (당신의 현재 자산은 얼마인가?)

: 흔히 자산이라고 하면 부동산이나 저축액만 생각하지만, 자산은 기본적으로 보장자산, 은퇴자산, 목적자산으로 세분해 생각할 필요가 있다.

보장자산은 나와 내 가족의 건강과 행복을 지켜주는 자산을 의미하고, 은퇴자산은 나와 배우자의 은퇴 후 노후를 위한 자산을 의미하며, 목적자산은 주택마련 , 자녀결혼비용, 교육비 등처럼 생활에 도움을 주는 자산을 뜻한다.

그렇다면 과연 당신은 이 세 가지 자산 중에 어느 것을 가장 잘 갖추었고, 어느 부분이 부족한지 파악하고 있는가? 물론 사람마다 원하는 자산 액수는 다르겠지만, 기본적이고 안정적인 생활을 유지하는 데 과연 얼마나 필요하고 얼마를 지출해야 할지 철저한 계획을 세워볼 필요가 있다. 지금 바로 재산 목록을 펴고 나의 현재 자산 상황을 꼼꼼히 적어보자.

● 건강 (당신은 오래 일할 수 있을 만큼 건강한가?)

: 건강 문제는 돈이나 일자리 문제와 직결된다. 몸이 건강해야 일자리도 원활히 얻을 수 있고 꾸준히 돈도 벌 수 있을 뿐 아니라, 질병 치료로 지출되는 의료비를 줄일 수 있기 때문이다.

이 때문에 건강관리에 대한 관심도 커졌지만, 그럼에도 한창 일하는 대한민국 30~40대의 건강 상태는 그다지 양호하지 않다. 최근의 한 설문조사에서 '현재 체감 건강상태'를 조사한 결과, '황신호 - 그저 그렇다'고 답한 이들이 60% 정도였고, '적신호 - 안 좋다'고 답한 응답자가 24%였다.

건강이 좋지 않은 이유는 '만성피로'가 가장 많았고, 소화불량이나 속 쓰림 같은 '소화기 이상'이 그 다음, '목 · 허리의 이상'

이 3위였으며, 이외에도 우울증과 두통, 비만, 불면증을 앓고 있는 직장인들도 적지 않았다.

또한 65세 이상 고령자들 역시 주관적인 건강상태를 묻자 49.4%가 "나쁘다"고 답했다. "병이 있다"는 고령층이 50.3%로 절반을 넘어섰다.

여러분은 어떻게 건강관리를 하고 있는가? 과연 여러분은 꾸준히 일할 수 있을 만큼 규칙적인 운동과 규칙적인 생활을 유지하고 있는지 생각해 보아야 한다.

● 일자리 (당신의 일자리는 안정적인가?)

: 주로 일하던 직장에서 퇴직하는 연령은 남성은 55~60세, 여성은 51세다. 60대에 주된 일자리를 그만두는 경우가 676만 명 중에 162만 명인 24%에 달했지만 40대에 일자리를 잃는 경우도 116만 명, 17.2%로 적지 않다.

최근 공무원과 교직원 채용에 많은 인원이 몰리는 것도 일반적인 직장들의 경우 강도 높은 구조조정, 정리해고 등으로 인해 출렁이고 있기 때문이다. 이는 비단 직장인들만의 문제도 아니다.

은퇴 후나 직장 퇴직 후 많은 이들이 자영업을 택하지만, 최근 통계에 의하면 80%의 자영업자들이 문을 연 지 2년 안에 가게 문을 닫는다고 한다. 60세 이상 은퇴자들도 마찬가지다. 퇴직 후 다시 일을 하는 경우 45% 정도가 자영업을 택하지만, 이들 역시 자금난과 장기적인 경기침체로 인해 항상 불안한 상태에 놓여 있다. 또한 다른 곳에 취업을 하는 경우에도 임시직이나 일용직으로 근근이 생계를 이어간다.

현재 여러분의 상황은 어떠한가? 과연 평생 동안 안정적인 직장을 다닐 수 있다고 생각하는가? 아니면 자영업을 준비해야 한다고 생각하는가? 또는 다른 것을 준비할 생각을 하고 있는가?

2) 퇴직과 노후에 대한 준비는 되었는가?

● 연금 (충분한 연금 수령이 가능한가?)

: 노후를 위한 자산관리에도 다양한 형태가 있지만, 가장 이상적인 것은 국가연금이다. 국민연금, 사학연금, 군인연금, 기초노령연금 등이 여기에 해당된다. 그렇다면 이 국가연금이 과연 우리의 삶에는 얼마나 도움이 될까?

선진국의 경우 생활을 할 수 있을 만큼의 연금이 지급된다. 하지만 우리 현실은 그렇지 않다. 한 조사에 의하면 55~79세 고령층의 월평균 연금수령액은 36만원에 불과하다. 연금수령자의 83.8%가 50만원 미만을 받고 있으며, 10만원 미만을 받고 있는 사람도 44.8%나 됐다. 남성 수령자의 28.1%가 10~25만원을, 여성의 64.0%는 10만원 미만을 수령했다.

이는 필연적으로 개인별로 개인연금을 가입해야 충분한 노후생활을 영위할 수 있음을 의미한다. 그렇다면 여러분은 개인의 노후를 위해 따로 연금을 준비하고 있는가?

● 저축과 재테크 (충분한 저축과 재테크 준비는 되어 있는가?)

: 현재 추산되는 노후생활비는 월 170만원이다. 은퇴 후 생활비의 쓰임을 기본적인 월 생활비와 의료비, 장기요양비, 취미생활비 등 4가지로 분류하고, 은퇴 이전 생활비의 70%를 생활비로 계산 했을 경우다.

통계청 자료에 따르면, 전국 65세 이상 노인 가계의 평균 지출은 155만 원 선으로 조사됐지만 이는 최소한의 생활비인 만큼 여기서 얼마가 더 지출될지는 개인마다 다르다. 이 때문에 일찍부터 연금보험, 또는 저축을 통해 노후를 준비하는 이들도 많아지고 있다. 특히 중년층부터 노후준비를 했던 과거와는 달리 20~30대부터 노후를 준비하는 것이 이상적이라는 것이 전문가들의 조언이다.

하지만 안타깝게도 2009년 기준으로 65세 이상 고령층 중 노후 준비가 돼 있지 않은 사람이 61.0%였다. 특히 저축이나 부동산 운용 등으로 별도의 노후 준비를 하고 있는 사람은 전체 고령자 중 16.4%에 불과했다.

과연 여러분은 재테크나 저축 등으로 노후에 대비하고 있는가? 만일 하지 못하고 있다면 무엇 때문인가?

● 재취업 (퇴직 이후 재취업 할 수 있는가?)

: 최근 열리는 취업 박람회를 가보면 취업 적령기인 20대와 30대뿐만 아니라 40대와 50대 중장년층, 60대 노년층들도 적지 않다. 이는 평균 수명 100세 시대가 다가오면서 일할 수 있는 기간이 늘어나고 필요한 노후자금도 증가함에 따라 재취업을 꿈꾸는 노인층이 많아졌기 때문이다.

실제로 다양한 설문조사에 의하면 우리나라 고령자들은 일하고 싶어 하는 것으로 나타났다. 지난해 55~79세 고령인구 중 취업희망자 비율이 무려 58.5%였다. 특히 남성(72.0%)이 여성(46.8%)보다 일에 대한 욕구가 강했다.

그러나 노령층 일자리는 턱없이 부족하다. 65세 이상 고령층의 일자리 자체가 줄어든 결과다. 65세 이상 취업자 비중은 2000년 29.4%에서 2002년에는 30.5%로 늘었고, 2006년과 2008년에도 30.3%로 30%대를 유지했으나, 글로벌 금융위기 이후인 2010년에는 28.7%로 감소했다.

그렇다면 여러분의 상황은 어떠한가? 제 2의 인생이라는 노후를 정당하게 일해서 충만한 기쁨을 누릴 만한 재취업의 기회가 있거나, 그와 관련한 준비를 차근차근 계획하고 있는가?

[20 · 30 · 40대 인식조사] 행복 - 20대 취업 · 40대 노후 가장 걱정

◆ 20~30~40 세대, 그들은 무엇을 생각하나

'안정적인 경제력, 잘 갖춰진 의료보장 시스템과 빈틈없는 노후대책, 가족의 행복'

한국의 20~30~40 세대가 생각하는 행복의 핵심 조건이다. 경제력은 각 연령대 공히 가장 필요한 행복의 조건으로 꼽았다. 국민의 행복도를 높이기 위해 정부가 우선적으로 관심을 가져야 할 내용으로 30~40대는 노후대책을, 20대는 실업대책을 선택했다. 채규만 성신여대 심리학과 교수는 "20대는 절반가량이 취업을 하지 못한 청년 고실업 시대를 살아가고 있는 만큼 정부가 취업대책을 세워줬으면 하는 게 가장 큰 바람이고, 40대는 자녀 교육비로 경제력을 소모하면서 노후 불안을 느끼기 때문에 이런 결과가 나온 것으로 보인다”고 분석했다.

한국의 20~30~40 세대 가운데 ‘현재 행복하다’고 답한 비율은 전체의 45%에 달했다. 이 비율은 성별, 연령, 지역을 가리지 않고 비슷했다. 남성의 45%, 여성의 44%가 행복하다고 답했다. 20대 47%, 30대 44%, 40대 44%다. 거꾸로 ‘지금 행복하지 않다’고 답한 사람은 전체의 30%다. ‘잘 모르겠다’는 비율은 25%였다.

황상민 연세대 심리학과 교수는 “사람들은 자기 자신이 처한 상황을 긍정적으로 보려는 경향이 있기 때문에 단답형으로 행복한가를 물었을 때는 ‘행복하다’의 비율이 상대적으로 높다. ‘행복하다’고 답한 사람이 전체의 절반에도 미치지 못했다는 것은 상당히 낮게 나온 수치”라고 설명했다.

행복을 결정하는 요인 중 1위는 단연 ‘경제적 안정’이다. 전체의 32%가 ‘경제적 안정’을 선택했다. ‘가족의 화목(27%)’, ‘일에 대한 만족감(16%)’, ‘신체적 건강(8%)’이 뒤를 잇는다. 30대는 경제적 안정을 선택한 비율이 37%로 다른 세대에 비해 높았고 40대는 경제적 안정(29%)보다 가족의 화목(32%)을 더 중시했다.

20대는 가장 많은 사람이 경제적 안정을 선택했다는 점에서 다른 세대와 비슷하지만, 상대적으로 많은 수가 '일에 대한 만족감(23%)' 을 행복의 요건으로 선택했다.

채규만 교수는 "20대는 취직을 하고 사회적인 활동을 해야 자신의 존재의미를 찾을 수 있고, 40대는 경제활동을 통해 벌어들인 소득으로 가족들과 함께하고 싶어 한다"고 풀이했다.

"현재 행복하다" 전체의 45%

원만한 인간관계를 행복의 요인으로 꼽는 비율도 20대가 높았다. 20대는 10%가 인간관계를 행복을 결정하는 요인으로 선택했지만 30대는 5%, 40대는 6%에 그쳤다.

가족과 함께 있을 때 가장 행복하다고 말한 비율은 나이에 비례한다. '누구와 있을 때 가장 행복한가' 라는 질문에 '가족' 이라고 답한 비율은 20대 33%, 30대 59%, 40대 61%로 세대별로 뚜렷한 차이를 보였다.

20대는 '애인' 이라고 답한 비율이 22%를 차지했다. '누구와 있든 언제나 행복하다' 고 답한 비율 역시 16%에 달했다.

'친구'라고 답한 비율도 20대가 가장 높았다. 12%가 '친구'라고 답했다. 30대와 40대는 각각 5%, 9%만이 '친구'를 택했다.

국민의 행복도를 높이기 위해 정부가 우선적으로 챙겨야 할 분야로는 '안정적인 노후와 의료보장 시스템'이 가장 높은 지지를 받았다. 31%가 선택했다. 28%가 '실업대책'을 꼽았다. 경제발전(16%), 여가시간 확대(13%), 대국민 소통(12%) 등이 뒤따랐다.

'여가시간 확대'를 선택한 비율은 상대적으로 여성과 20대가 높았다. 남성의 11%가 여가시간 확대를 주장했지만 여성은 15%였다. 마찬가지로 30대, 40대는 12%만이 여가시간 확대를 위해 정부가 신경 써야 한다고 한 반면 20대는 17%다. 20대는 경제발전(14%)보다 여가시간 확대를 주장하는 목소리가 컸다.

〈출처 : 매일경제 윤형중 기자〉

3) 잡(JOB)에 대한 구축

● 얼마 동안 일할 수 있나?

: 국내 대기업 직장인들의 평균 근속 년수가 11년인 것으로 집계됐다. 한 국내 취업포털이 국내 대기업들의 평균 근속년수를 조사한 결과다. 성별로는 남성이 11.5년, 여성 7.1년이다. 대기업이 이 정도라면 중소기업이나 소규모 업체들의 근속기간은 그보다 짧을 가능성이 높다.

예전에는 한번 직장에 들어가면 정년까지 일하는 평생직장이 보장되었다. 하지만 이제는 기업의 사정에 따라, 또는 개인적 사정에 따라 여러 번 이직을 고려해야 하는 시대가 되었다. 또한 한 직장에서 10년 이상 근무했다 치더라도, 40대에 퇴직하여 새로운 직장을 얻을 때 손쉽게 이직할 가능성도 매우 적어졌다. 중견 직장인들 역시 젊은 취업예비자들과 마찬가지로 엄청난 경쟁을 뚫고 나아가야 한다.

직장 안정도는 연봉과 업무량, 사내 직책 등으로도 결정되지만 결정적인 안정도는 얼마나 지속적으로 근무할 수 있는가다. 과연 여러분은 어떤가? 지금 다니는 직장에서 얼마나 오래 일할 수 있겠는가?

나아가 현재 진행되고 있는 직장의 변화 또한 살펴봐야 한다. 이처럼 장기근속이 어려워진 시대에는 필연적으로 직장 (Company)이 아닌, 능력으로 직업(JOB)을 구하는 것이 중요하다. 그러려면 한 분야에서 전문가가 되어야 하며, 능력 위주로 대접해주는 비즈니스를 찾아갈 필요성이 있다. 이젠 직장과 달리 평생 능력과 전문성을 통해 승부를 볼 수 있고, 정년이 없는 잡 (JOB)을 찾아야 한다.

● 일에서 행복과 만족을 얻을 수 있는 방법은?

: 직장인들을 대상으로 행복지수를 설문조사한 결과, 직장인들의 평균 행복지수는 100점 만점에 65점 정도였다고 한다. 또한 근래 실시된 다른 조사에서는 응답자의 절반 가까이가 삶의 목표를 '행복해지는 것' 이라고 답하면서도, 현재 행복하다고 말한 응답은 20%에 그쳤다.

만일 '여러분은 직장에서, 또는 가정에서 행복하십니까?' 라는 질문을 받게 되었을 때 곧바로 '행복하다' 는 답을 하지 못했다면, 여러분도 그 이유에 대해 깊이 생각해봐야 한다.

물론 행복이란 것이 반드시 물질적 만족에서만 비롯되는 것은 아니다. 사람마다 행복에 대한 가치도 다르다. 그러나 현실은 어떤가? 현재 우리의 고민 대부분은 경제적 문제에서 비롯되며, 또한 그 경제적 문제는 일자리 또는 직업과 직결된다.

다시 말해 직장이나 직업을 통해 꾸준한 고수입을 얻으며 만족과 기쁨을 느끼고, 돈 때문에 억지로 하기 싫은 일을 하지 않을 수 있다면 그것만으로도 생활을 윤택하게 이끌어갈 수 있는 힘이 생긴다.

이처럼 일은 우리의 일상과 긴밀히 연결되어 있고, 일과 직업에서 어느 정도 만족감을 느끼는가가 우리 행복을 좌우하는 중요한 요건이 된다.

● 현재 사회적 활동 기간은 75세이다

: 과연 우리는 얼마나 오래 일할 수 있을까? 오랜 경기침체로 인해 조기퇴직자가 많아졌다고 하지만, 앞으로 다가올 100세 시대에 실질적인 퇴직 나이는 75세가량이라고 한다. 무엇을 하건 75세까지는 자신의 전문성이나 사업을 가지고 '일하는 삶'을 이어가야 한다는 뜻이다.

물론 이것이 불가능하거나 어려워 보일 수도 있다. 사실상 75세까지 일하는 삶이란 불과 10년 전만 해도 너무 먼 일처럼 느껴졌기 때문이다.

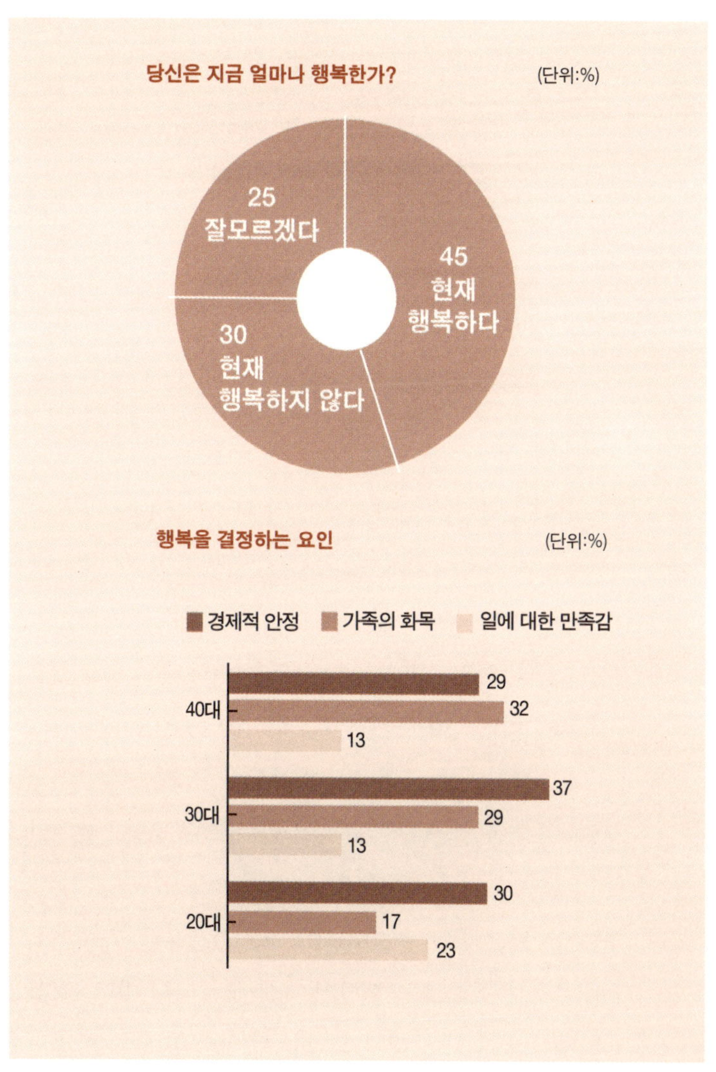

당신은 지금 얼마나 행복한가?
(단위:%)
25
잘모르겠다
45
현재
행복하다
30
현재
행복하지 않다
행복을 결정하는 요인
(단위:%)
경제적 안정
가족의 화목
일에 대한 만족감
40대
29
32
13
30대
37
29
13
20대
30
17
23

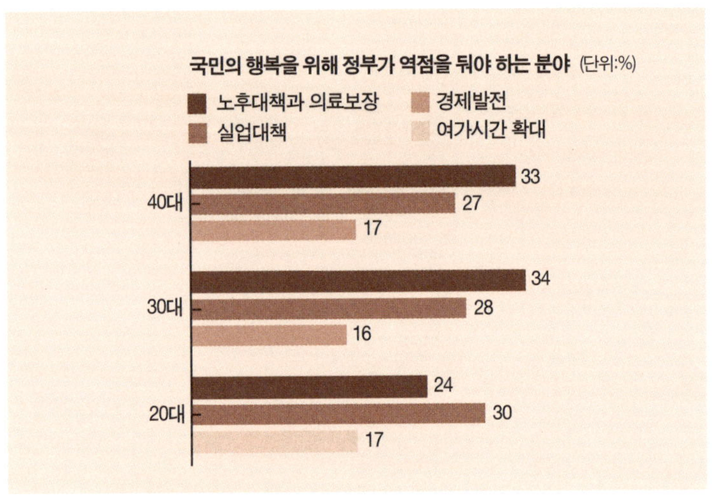

〈출처-매일경제〉

하지만 이처럼 평균수명이 연장되어 오래 일해야 하는 상황, 나아가 평생직장의 종결은 또 하나의 새로운 변화를 낳아놓았다. 트렌드와 시대의 변화 속에서 예전에는 생각지 못했던 수많은 직업군들, 학벌과 나이, 성별을 뛰어넘어 자신의 능력을 펼치고 그 대가로 정당한 수익을 얻을 수 있는 다양한 비즈니스들이 생겨났다는 점이다.

이런 사업들은 직장의 안정성과는 또 다른 안정성을 부여한다. 그 분야에 대한 정통함으로 승부하기 때문에 정년이 없고, 일정한 노력을 투자하면 그 만한 대가를 얻을 수 있다. 자영업은 일정한 자본을 들여 가게를 여는 형태라면, 이 같은 비즈니스는 전문성과 노력으로 승부하는 1인 비즈니스인 셈이다.

실로 최근 창업박람회 등에 다양한 종목과 분야에서 과거에는 생각지도 못한 1인 창업의 열풍이 불고 있다. 적은 자본금, 전문성으로 승부하는 비즈니스들이 그것이다. 그리고 앞으로도 이 같은 열풍은 가라앉지 않을 것으로 전망되고 있다.

그렇다면 과연 이런 1인 창업의 기회를 내 삶 속으로 끌어와 도전해볼 기회는 없는 것일까? 그러기 위해서는 무엇을 준비해야 할까?

다음 장에서는 이런 관점에서 경제적 관념의 변화를 시도하는 로드맵을 살펴보도록 하자.

정답이 아니라 현실적인 대안을 찾아라

1) 이제까지 알고 있던 고정관념 버리기

2) 근거 없는 낙관주의와 자신감을 혼동하지 말라

3) 돈 벌기의 첫 걸음은 행동을 바꾸는 것이다

4) 돈이 절로 들어오는 플랜을 계획

1) 이제까지 알고 있던 고정관념 버리기

우리는 질문 이전에 해답을 중시 여기는 사회에서 살고 있다. 대부분의 사람들이 어릴 때부터 정해진 대로 공부하고, 정해진 대로 어른이 되어 대학이나 직장에 취직하고, 정해진 대로 결혼하고 살아간다.

정해진 수순에 맞춰 살아가는 것만으로도 바쁘니, 이런 삶에는 "왜? 어째서?"라는 질문이 들어설 여력이 없다. 문제는 잘 나가다가 그 수순에서 어긋나는 상황이나 문제에 부딪쳤을 때다. 그럴 때 평소 "왜?"라는 질문을 던져보지 못한 이들은 쉽게 공황상태에 빠진다. 그들이 아는 문제해결 지식이라고는 고작 판에 박힌 것이기 때문이다.

그렇다면 여러분은 문제에 닥칠 때 어떻게 해결하는가? 인텔의 전설적인 CEO 앤드류 그로브는 이렇게 말한다.

"새로운 문제에 부딪쳤는데 그것을 해결하고 싶은가? 그렇다면 이전에 알고 있던 모든 것을 잊어버려라."

마음을 열고 문제를 바라보라

결국 기존의 생각이나 고정 관념만으로는 결코 새로운 문제를 해결하는 데 도움이 되지 않는다. 그렇다고 오래 쌓아온 경험과 지식을 완벽히 무시하라는 뜻은 아니다. 그것들을 참고하되, 지금 내 상황은 과거에 벌어졌던 그 상황과 아주 똑같은 것은 아닌 만큼 그 경험과 지식을 새로이 구현해 대입해야 한다.

문제를 해결하는 방법은 사실상 많이 생각해보고 고민해보는 것이다. 머리와 마음을 활짝 열고 문제를 응시하면, 사실 그 문제가 지금껏 자신이 의식하지 못했던 부분에서 기인했다는 것을 알게 된다.

또한 다양한 관점에서 그 문제를 좀 더 세부적으로 분석하다 보면 엉뚱한 생각, 타인들은 이해하지 못하는 해답들이 떠오를 수 있다. 바로 이것들을 무시해서는 안 된다. 결국 그 엉뚱한 해답 속에 자신이 진짜 고민하고 원했던 지점이 반영되어 있기 때문이다.

세상과 자신에게 질문 던지기

문제가 생겼을 때 자신에게, 그리고 세상에 질문을 던지는 것은 가장 기초적인 문제해결의 첫 단계다. 이는 그간 쌓아왔던 자신과 세상의 고정관념에 맞서 선입견과 편견이라는 그물에서 벗어나기 위한 중요한 노력이기 때문이다.

지금껏 내가 알지 못했던 내 안의 잠재력과 그간 보지 못했던 세상의 잠재력, 이 모두를 살피고 건져낼 때 우리에게 닥친 대부분의 문제들도 자연스레 해결된다. 만일 누군가 직장을 다니는 것만이 안정적인 길이라고 말한다고 치자. 그때는 이렇게도 한번 생각해보자.

"직장이 아닌 새로운 일로 돈을 벌면 안 되는 걸까? 아직 준비가 안 되었다면 왜 미처 준비하지 못한 걸까? 사람들은 왜 직장을 다니는 것만 안전하다고 할까? 직장으로 생계를 유지하는 것에 부정적인 측면은 정말 없는 걸까?"

이 같은 자문자답은 새롭고 현실적인 해답들을 건져 올려 머릿속에 시뮬레이션을 형성해 문제를 해결할 수 있는 최고의 업그레이드 전략이다.

세상살이에 정답은 없다

문제를 해결할 때 열린 눈과 마음을 가지라는 이유는 사실 다른 게 아니다. 세상사 대부분은 수학과 달라서 딱 떨어지는 정답이 없기 때문이다.

중요한 것은 효율적인 선택이다. 예를 들어 두 사람이 있다. 이 두 사람은 적은 월급을 받고 다니는 직장에 불만이 많다. 만일 자격증을 따면 더 많은 월급을 받을 수 있지만, 그 자격증은 합격이 쉽지 않아서 따려면 직장을 몇 달간 쉬어야 한다.

결국 한 사람은 사표를 쓰고 자격증 시험공부에 들어갔고, 한 사람은 직장에 그대로 남았다. 여기서 여러분은 어떤 선택을 하겠는가?

물론 미래는 알 수 없는 일이다. 하지만 지금 당장은 조금 손해를 보더라도 장기적인 미래에 도움이 되는 자격증을 따는 쪽이 당장 손해 보지 않는 직장보다 나을 가능성이 분명히 있다.

우리 미래도 마찬가지다. 스무 살 성인이 되고 난 뒤에도 우리는 끊임없이 미래를 불안해하고 다양한 문제들 속에서 허덕인다. 특히 경제적인 문제는 이런 문제들을 더욱 심화시킨다. 하지만 새로운 선택을 할 때 예측 불가능한 대가가 두려워 선뜻 도전하지 못한다. 이는 우리가 모든 사안에서 '조금도 손해 보지 않는 정답'을 요구하기 때문이다.

어쩌면 우리 삶은 무덤에 들어가는 날까지 예측 불가능한 불안의 연속일지도 모른다. 하지만 그 불안과 예측 불가능함이 때로는 움직이고 개척하고 모험하게 만드는 힘과 추동력임을 잊어서는 안 된다.

정답을 찾아야 한다는 고정관념과 선입견을 버리면, 우리는 훨씬 강해진다. 지금 경제적 어려움을 겪고 있을 때, 변화의 필요성을 느낀다면, 그때가 바로 선입견으로부터의 탈출을 시도할 때다.

우리 사회의 경제적 선입견, 무엇이 있는가?

1) 학벌이 좋아야 부자가 된다.

2) 안정적인 직장을 들어가야 부자가 된다.

3) 부자 집안에서 태어나야 부자가 된다.

4) 열심히 일하는 것보다는 대박을 맞아야 부자가 된다.

5) 자본금을 많이 투자해야 큰 사업을 할 수 있다.

2) 근거 없는 낙관주의와 자신감을 혼동하지 말라

당신은 낙천적인 사람인가? 그렇다면 정말 큰 재산을 얻은 것과 같다. 낙관주의는 한 사람을 위기속에서도 절망하기 않고 한 걸음 나아가게 만드는 불가사의한 힘이다. 하지만 낙관주의에도 병폐가 있다. 그 낙관주의에 근거가 없을 때 위험해 질 수 있다는 점이다.

근거 없는 낙관주의에 빠진 사람은 낙천성을 자신감과 혼동한다. 무엇이든 잘될 것이며 자신만은 실패하지 않을 것이라고 믿는다. 하지만 자신감과 근거 없는 낙관주의는 전혀 다른 성질의 것이다.

자신감이란 무엇인가?

흔히 자신감 있는 사람이 성공한다고 말한다. 그 이유는 무엇일까? 낙관주의는 인생의 밝은 면을 바라보며 나아가는 것을 말한다. 이 역시도 때로는 큰 힘을 가진다. 반면 자신감은 낙관주의에 덧붙여 인생의 어두운 면까지도 직시하고 감당하며 나아가는 힘이다.

우리 인생에는 결코 밝은 면만 존재하는 것이 아니다. 때로는 감당할 수 없는 어려움이 들이닥치는 것이 인생이다. 이때 자신감을 가진 사람은 단단한 내면의 힘 덕분에 어려운 상황을 겁내지 않는다.

또한 '어떻게든 잘 되겠지' 라고 생각하는 낙관주의가 경험적 측면보다는 감정적 측면으로 위기를 헤쳐나간다면, 자신감 있는 사람은 자신이 과거에도 어려움을 겪어왔다는 것을 인정하고 그 직접적인 경험을 통해 보다 현실적인 해결책을 마련한다.

낙관주의가 통하지 않는 돈의 세계

그렇다면 자신감의 근원은 무엇일까? 물론 자신감은 한 가지 요소에서만 나오는 것이 아니다. 어떤 이는 잘생긴 외모, 어떤 사람은 풍부한 내면, 어떤 사람은 좋은 집안, 어떤 이는 높은 학벌 등을 자신감의 기둥으로 삼을 수 있다. 이처럼 세상에는 제각각 다른 자신감의 요소가 존재한다.

그러나 한 가지 분명한 것은 자본주의 사회에서는 경제력이 자신감의 중요한 요소로 작용한다는 점이다. 실로 지금 같은 시대는 한 사람의 재정 상태가 그의 재능이나 학벌, 외모와 관계 없이 그의 자신감 형성에 결정적으로 작용하는 경우가 많다. 나아가 이 같은 '돈 문제'에서는 결코 근거 없는 낙관주의가 작동하지 않는다.

내가 가진 통장에 얼마가 찍혀 있는지에는 냉혹한 경제논리가 존재할 뿐이다. 그가 낙관적인 사람이라고 투자가 늘 성공하는 것은 아니며, 그가 낙관적이라고 은행 잔고가 순식간에 불어나는 것도 아니다. 일자리나 사업도 마찬가지다. 지나치게 낙관적인 사업가와 직장인이 오히려 조직의 발전에 해가 되는 경우도 있다.

즉 다른 분야에서는 자신감과 낙관주의를 혼동할지라도, 돈의 세계에서는 낙관주의와 자신감이 분명히 다른 형태로 나타난다. 양적으로, 숫자로 환산되는 세상에서는 위험하지 않은 재정 상태를 가져야만 그것이 진정한 자신감으로 환원되는 것이다.

자신감을 되찾고 부자가 되려면

헐벗고 고된 생활을 하면서도 자존감과 자신감을 지키며 올바른 삶을 살아갈 수 있다면, 그야말로 대단하고 본받을 만한 사람일 것이다. 예전에는 이런 이들을 덕이 많은 사람이라고 부르기도 했다.

하지만 대부분의 인간은 환경의 지배를 받을 수밖에 없다. 재정 상태가 곤란해질수록 돈으로 인해 스스로의 자신감을 훼손하는 일들이 벌어지게 마련이다. 당장의 생계가 어려워질수록 타인의 도움을 원하게 되고, 가까이 있는 가족들과 자신의 상황을 원망하게 된다. 나아가 이 같은 자신감의 훼손은 필연적으로 그 자신까지도 망가뜨리게 된다.

진짜 자신감을 찾기 위해 우리가 해야 할 일은 어찌 보면 간단하다. 돈의 무서움, 돈의 귀함을 철저하고 냉철하게 인식하는 것이다. 어떤 이들은 "돈은 중요하지 않아, 부자가 되는 게 뭐 그리 중요해."라고 말한다. 이런 이들은 대개 두 부류다.

첫째, 충분한 경제적 자신감이 있어 보다 큰 가치에 몰두하고자 하는 사람, 둘째는 이미 경제적 자신감을 잃은 상태에서 무의식적으로 돈을 두려워하고 멀리하고 싶어 하는 사람이다.

만일 지금 나를 둘러싼 상황이 견고한 경제적 자신감과는 거리가 멀다면, 우선 "돈이 전부는 아니다."라는 변명부터 떨쳐내야 한다.

물론 돈이 인생의 전부인 건 아니다. 하지만 때로는 돈이 먼저 있고, 그 다음에 진짜 인생이 펼쳐지는 경우도 적지 않다는 경우도 기억해야 한다.

[부자 되는 전략] 돈을 부르는 습관, 부자가 되는 전략
부자 지수 계산법

새해 계획 중 빠지지 않는 게 '돈'이다. 누군가는 내 집 마련이 목표일 수 있고 또 누군가는 창업 자금 마련을 목표로 할 수도 있다. 이런 구체적인 계획이 아니더라도 '돈을 많이 벌고 싶다'든가 '재테크를 열심히 해 돈을 불리고 싶다'는 생각을 누구나 하면서 산다. 목표 의식을 갖는 것은 부자가 되는 데 중요한 항목이다.

자신에게 맞는 재테크 방법과 투자법을 찾는 것도 좋은 자세다. 그러나 재테크와 투자를 논하기 전에 먼저 짚고 넘어가야 할 부분이 있다. 자신의 라이프스타일이 과연 부자가 될 수 있는 삶의 방식을 따르고 있는지 여부다. 오랫동안 부를 유지하는 부자들은 그들만의 삶의 방식을 고수하고 있다.

돈을 부르는 습관, 삶의 자세는 따로 있는 것이다. 여기, 당신이 부자가 될 가능성을 높여주는 방법을 제시한다.

한 인터넷 서점 검색창에 '부자'라는 단어를 입력했더니 1832건에 해당하는 책이 검색됐다. 다시 '돈'이라고 입력해 보니 무려 4391건이라는 결과가 나왔다. 돈에 대한 사람들의 관심, 부자가 되고 싶은 열망이 어느 정도인지를 보여주는 수치다. 돈이 없는 사람은 부자가 되기를 갈망하고 이미 부자인 사람은 부를 지키며 더 큰 부를 얻고 싶어 한다.

부자가 되는 원리는 간단하다. '개그콘서트' 식으로 말하면 "부자 되기 어렵지 않아요. 많이 벌고 적게 쓰면서 열심히 저축하면 돼요"다. 그러나 이 간단한 방법은 실천하기 가장 어려운 방법이기도 하다. 많은 사람들이 이 원리를 알면서도 부자가 되지 못하는 건 그런 이유다. 그렇다면 내가 부자가 될 가능성은 어느 정도일까.

'부자 지수'라는 게 있다. 앞으로 내가 부자가 될 수 있는지 없는지, 그 가능성은 어느 정도인지 따져보는 법칙으로, '이웃집 백만장자'의 저자 토머스 J. 스탠리 박사가 고안한 방법이다. '부자 지수'는 미래에 부자가 될 가능성 정도와 함께 현재 자산 관리를 잘하고 있는지 여부까지 나타내 주기 때문에 자산이 많은 사람에게도 자신의 상태를 점검하는 데 참고가 된다.

부자 지수 계산법

부자지수(%)=(순자산액×10)÷(나이×연간 총소득)×100

예) 40세 남자의 전 재산이 3억 원이라고 가정하자.
집과 차를 사는 데 대출금 5000만 원이 있다면 순자산액은 2억 5000만 원이다.
연 간 총 소득이 5000만 원이라면(2억 5000만 원×10)÷(40세×5000만원)×100=125(%)

50% 이하 - 재테크에 문제가 큰 상태
100% 이상 - 평균 수준이지만 노력이 필요한 정도
200% 이하 - 재테크를 잘 하는 편
200% 이상 - 재테크에 남다른 자신감이 있고 아주 잘하는 상태

부자 지수(%)=(순자산액×10)÷(나이×연간 총소득) ×100이다. 여기서 순자산액은 총자산에서 부채를 뺀 액수를 말하고 총소득은 연봉과 이자소득 등을 합한 것이다. 부자 지수의 기준 수치는 '100'이다. 지수가 100보다 높게 나올수록 부자가 될 가능성이 높은 것이고, 100보다 낮을수록 가능성이 낮은 것이다.

여기서 발견할 수 있는 사실은 부자가 되기 위해선 순자산액이 많을수록 좋고 나이는 어릴수록 부자 지수가 높아진다는 점이다. 연간 총소득은 당연히 순자산액에 기여하게 되므

로 많을수록 좋다. 순자산액을 늘리는 방법은 자산 규모를 키우고 부채를 줄여야 하므로 일단 부채가 있다면 그것부터 해결하는 게 우선이다. 소득에서 지출 규모를 줄여 순자산액을 늘려나가는 것도 방법이다.

부자 지수를 체크했다면 자신의 생활 습관이 부자의 그것에 가까운지 돌아보고 돈에 대한 철학을 세울 필요가 있다. '위대한 개츠비'의 작가 F. 스콧 피츠제럴드가 "부유하다는 것은 은행에 돈이 많다는 것처럼 단순한 하나의 사실이 아니라 현실을 바라보는 관점이자 여러 가지 태도의 집합, 특정한 삶의 방식"이라고 정의했듯이 부자는 그들만의 삶의 방식을 갖고 있다. 실질적으로 돈을 불려주는 것은 구체적인 투자 방법이나 재테크 전략이겠지만 그보다 선행돼야 할 것은 돈을 불러들이는 삶의 방식을 가져야 한다는 점이다. 이러한 방식에 따르면 지금 당장 돈이 없어도 부자가 될 소지가 다분하고 그렇지 못하면 돈이 많아도 언젠가는 빈자가 될 가능성이 다분하다는 점을 명심해야 한다.

한국경제매거진
취재=박진영 · 장진원 · 우종국 · 이홍표 기자
전문가 기고=황상민 연세대 심리학 교수 · 박종기 머니앤리치스 대표
사진=서범세 · 김기남 · 이승재 기자

3) 돈 벌기의 첫 걸음은 행동을 바꾸는 것이다

많은 이들이 지금보다 나은 삶을 살려면 지금보다 더 많은 돈을 벌어야 한다고 믿는다. 그렇다면 과연 무엇부터 시작해야 궁금한가?

많은 이들이 돈을 벌어야겠다고는 생각하지만, 그 다음 단계로 넘어가지 못한다. 과연 이 바람을 실행하려면 무엇을 어떻게 해야 하는지 구체적인 실행 단계에서 주춤댄다. 이는 게으름 때문일 수도 있지만, 머릿속의 생각을 차분히 실행으로 옮길 수 있는 액션 플랜을 짜는 데 충분한 시간을 할애하지 않기 때문이다.

과거 10년 삶을 되돌아 생각하기

말로는 천 리를 가는데 생활 속에서는 단 한 걸음도 나가지 못한다면, 가장 간단하면서도 효과적인 첫 걸음을 권해보고 싶다. 바로 지난 10년간의 삶에 대한 총정리다.

지난 삶을 돌이킬 때 각자 주안점을 두는 화두는 조금씩 다르겠지만, 여기서는 경제적 부분을 고찰해보도록 하자.

예를 들어 '그저 하루하루 성실히 살면 부자가 되는 건 시간문제' 라고 생각한다고 치자. 그렇다면 지난 10년간 당신의 재산은 과연 얼마나 늘어났는가? 그간 얼마나 늘었는지, 또는 얼마나 줄었는지 그 금액을 정확히 기록해보자.

아마 대다수는 막상 적고 나면 허탈한 기분에 휩싸일 것이다. 하지만 이 혹독한 금액 계산은 한 가지 중요한 교훈을 안겨준다.

만일 지금처럼 세월을 보낸다면 10년 후에도 당신은 비슷한 상황 속에서 비슷한 액수를 적어 넣게 될 것이라는 사실이다. 따라서 어떻게든 변화를 이끌어내 다른 결과를 얻고자 한다면 지금부터라도 그 변화를 위해 무엇인가를 실행해야 한다. 지금까지 가보지 않았던 새로운 길을 찾아 나서야만 하는 것이다.

좋은 것을 누리려는 적극적인 행동

아무것도 가진 것 없는 상태에서 짧은 시간 안에 돈을 번 사람들에게는 몇 가지 공통점이 있다. 바로 자신과 주변을 위해 쓸 수 있는 돈을 가능한 한 많이 벌고 싶다는 열망을 가졌다는 점이다.

그들은 균형 잡힌 삶, 윤택한 삶을 원했고, 돈이 그 균형 잡히고 윤택한 삶을 받쳐주는 밑받침이라는 사실을 알았던 만큼 돈 자체가 아닌 균형 잡히고 윤택한 삶을 위해 자신을 투자했다.

또 하나, 부자가 된 사람들은 하기 싫은 것을 하지 않을 권리를 추구한 이들이기도 하다. 우리가 하기 싫은 일을 할 수밖에 없는 이유는 하나다. 돈이 부족하기 때문이다. 또한 사람들이 하고 싶은 일을 마음껏 할 수 없는 이유 또한 비슷하다. 하고 싶은 일을 하면서 돈을 버는 방법을 모르기 때문이다.

여기서 중요한 건 진짜 부자들은 자신이 원하는 일을 찾아 거기서 즐거움을 느끼며 돈을 벌었다는 사실이다. 즉 돈이 없어서 좋아하지 않는 일을 계속하는 한 생계를 유지할 수 있을지는 몰라도 많은 돈을 벌 수는 없다.

그런 의미에서 부자 되는 행동의 두 번째 걸음은 자신이 좋아하고, 진정으로 투자하고 싶은 데 자신을 투자하는 것이다.

행동을 바꾸려면 내 사업이 필요하다

회사의 직원으로 일하는 것과 그 회사의 사장으로 일하는 것은 엄연히 다르다. 직원으로 일할 때는 그 일에 자신의 절반만 투자하던 사람도, 그 회사의 주주가 되거나 사장이 되면 달라진다. 그런 면에서 대기업 직원으로 일하는 사람보다도 작은 사업체의 사장으로 일하는 사람이 오히려 더 큰 열정으로 일을 대한다.

부자 되는 행동 세 번째는 이처럼 최선을 다할 수 있는 분야에서, 내 길을 닦아가는 즐거움을 누리며 일하는 것이다. 물론 직장에 다니면서도 이 부분을 어느 정도 실행할 수 있겠지만 자기 사업을 하는 것만큼은 아니다.

한편 여기서의 사업이란 거창한 사업을 뜻하지 않는다. 비록

길거리에서 자신이 그린 그림 한 점을 팔아도 그 안에 즐거움과 기쁨을 느끼며 최선을 다해 자신과 상품의 부가가치를 높여간다면, 그는 언젠가 큰 화랑의 주인이 될 수도 있다.

지금부터라도 늦지 않았다. 여러분이 가장 즐거움을 느끼는 일이 무엇이며, 과연 그것을 어떻게 사업으로 전환시킬 수 있을지 생각해야 한다. 그리고 이 질문에 대답하는 순간, 여러분은 부자가 되는 행동의 중요 단계를 넘어서게 된다.

4) 돈이 절로 들어오는 플랜을 계획

부자는 많지 않지만, 부 자체는 특별한 사람만의 전유물이 아니다. 부에 대해 생각하고 관심을 가지고 연구하며, 이를 행동으로 집중시켜 실행하는 사람에게는 자연스럽게 부는 따라온다.

그러나 이 모든 것을 행동으로 실천하고, 작고 큰 습관으로 끌어내는 것은 쉽지 않다. 거기에는 오랜 반복이 필요하며, 모든 생활이 유기적으로 연결되어 '부자 되기' 라는 커다란 주제 아래 집중되어야 한다.

그렇다면 그냥 부자가 아닌, 돈에 대해 잘 알고 실행하는 부자가 되기 위한 습관으로는 무엇이 있을까?

날마다 지갑을 점검하라

가난한 사람이나 부자나 돈에 대한 관심이 많은 것은 매한가지다. 그러나 이 둘 사이에는 큰 차이가 있다. 가난한 사람은 돈에 대해 관심은 가지지만 거기에서 멈춘다. 부자는 관심을 넘어 거기에 애정과 노력을 쏟아 붓는다. 또한 가난한 사람은 돈을 갈구하지만, 부자는 돈을 관리한다.

부자들의 지갑은 대체로 깔끔하고 정돈이 잘 되어 있는 편이다. 이는 돈을 관리하는 습관이 일상생활에서도 유지된 결과다. 실로 지갑 속만 봐도 그 사람의 경제관념, 성격, 금전 관리 능력을 살펴볼 수 있다. 올바른 지갑 관리에는 다음의 조건들이 필요하다.

- 매일 잔고와 지출을 확인한다.
- 영수증을 접힌 상태로 여기저기 넣어두지 말고 영수증만 보관하는 곳을 정해서 따로 넣는다.
- 지폐는 깨끗하게 잘 펴서 액수별로 정리한다.
- 카드는 이용 성격 별로 잘 구분해 정리한다.
- 동전만 따로 넣는 칸을 만들고, 되도록 큰 돈을 깨지 않고 동전을 먼저 사용한다.
- 매일 잔고를 확인한다. 사실 요즘처럼 고물가 시대에는 10만 원을 찾아도

어느새 사라지고 만다. 매번 지갑을 확인하는 것은 소홀히 지출을 관리하는 동시에 돈의 소중함을 느끼기 위해서다.

통장 잔고와 카드 사용 내역을 관리하라

통장은 돈에 대한 관심도를 높일 수 있는 유용한 장부와 같다. 통장을 소중히 하는 사람 치고 함부로 돈을 사용하는 사람이 없다. 따라서 통장은 따로 통장을 관리하는 지갑을 만들어 보관하고 수시로 꺼내서 살펴보도록 한다.

매달 저축액이나 잔고 등을 확인하는 것도 성취감을 높이고 돈에 대한 관심도를 높이는 방법이다.

나아가 카드 사용도 마찬가지다. 카드 사용액은 기본적으로 빚이라는 사실을 잊지 말아야 한다. 따라서 주 단위로 카드 사용 내역을 확인하고 불필요한 지출이 있었는지, 앞으로는 이 부분을 어떻게 줄여나갈 것인지 플랜이 필요하다.

통장과 카드 관리의 기술은 다음과 같다.

- 통장은 인터넷 통장보다는 실물 통장으로 만들어 손으로 만지고 직접 펼쳐보는 것이 좋다.
- 정기적금 등의 비지출성 통장과 생활비 통장 등의 지출성 통장을 따로 관리한다.

- 지출에 사용되는 계좌 이체는 되도록 인터넷뱅킹보다는 ATM을 이용하도록 한다.
- 카드 사용 내역을 주기적으로 출력해 꼼꼼히 살펴본다.
- 카드 지출 계획서를 주기적으로 만들어 불필요한 지출을 체크하고 개선한다.
- 카드는 되도록 만들지 않고, 쓰지 않는 것이 낫다.

경제의 흐름을 파악해야 한다

부자가 되려면 돈이 어디로 흐르고 어디에 고이는지를 살펴내는 안목이 필요하다. 부자가 될 수밖에 없는 돈 감각을 타고나는 사람들도 있지만, 대부분의 사람들은 타고난 직감만으로는 불가능하다. 꾸준히 경제 관련 신문과 서적, 잡지 등을 읽고 재테크에 관심을 가져야 하는 것도 이 때문이다.

재테크는 주식과 부동산, 펀드만 해당되는 것이 아니다. 풍부한 경제 지식만 있어도 훨씬 다양한 재테크 방식을 선택할 수 있다. 그러기 위해서는 반드시 매일 매일 공부한다는 심정으로 경제 관련 지식을 습득하는 습관을 쌓아야 한다.

- 경제신문을 정기적으로 구독하라.
- 모든 신문을 읽을 때 경제란을 가장 먼저 집중적으로 읽는다.

- 중요한 기사가 있을 때마다 분류별, 시기별로 스크랩을 해서 스크랩북을 만든다.

- 신문만으로는 부족하다면 경제 관련 서적을 읽는다.

- 경제 서적은 다양한 관점에서 여러 권을 읽어보는 것이 좋다.

- 잘 알려진 경제잡지로 시기마다 달라지는 집중적인 이슈들을 살펴보는 것도 큰 도움이 된다.

- 혼자 하기 어렵다면 동료와 함께 해도 효과가 좋다.

- 가능하면 부부끼리, 또는 자녀와도 함께 읽고 토론하라.

돈이 없어도 재테크 공부는 할 수 있다

1) 돈 없이 돈을 벌 수 있다면?

2) 돈을 벌려면 생각하고 공부하고 행동하라

3) 하루 1시간씩 읽고 정리한다

4) 성공한 멘토를 찾아 따라하기

1) 돈 없이 돈을 벌 수 있다면?

한 조사기관이 70대 노인들을 인터뷰한 결과, 노인들은 자신이 했던 일을 후회하기보다는, 해보지 못한 일을 후회한다고 한다. 뭔가를 해보지 못한 삶만큼 억울한 게 없다. 만일 기회를 놓치며 살아왔다면, 여기서 반가운 진실 하나를 기억하자. 하늘은 누구에게나 3번의 기회를 내린다는 것이다.

성공한 사람이란 결국 그 기회가 왔을 때 거머쥔 사람이며, 지난 시기에 기회를 잡지 못했다면 다시 다가오는 기회만큼은 꼭 거머쥐어야 한다. 그리고 그 기회는 지금 여러분의 곁에 다가와 있을지도 모른다. 특히 '지금 나는 아무것도 가진 게 없는데 어떻게 성공하고 부자가 될 수 있을까?' 의심이 드는가?

그렇다면 더더욱 이번 장을 꼼꼼히 읽어야 한다. 지금 돈이 없어도 앞으로 돈을 벌 수 있는 방법이 분명히 있기 때문이다.

트렌드 변화 속에 기회가 있다

대한민국 사람은 세계적으로 유명한 노력파들이다. 많은 외국인들이 우리의 근면함과 노력을 높이 산다. 실로 한국사람 치고 열심히 살지 않는 사람은 드물다. 그럼에도 많은 이들이 노력한 만큼 생활이 나아지지 않다고 느끼고 있다.

그렇다면 여기서 한 가지 질문을 던져야 한다. 과연 우리가 올바른 방향으로 제대로 노력해왔던 걸까?

앞서 우리는 인간이 사회적 영향력 아래 놓인 존재임을 살펴보았다. 따라서 시대마다 일어나는 중요한 변화를 인식하고 그에 발맞추어 가지 않는다면 결코 부자가 될 수 없다. 우리가 사는 세상은 끊임없는 변화 속에서 새로운 기회를 양산한다. 따라서 이 치열한 경쟁 사회에서 생존하려면 무엇보다 그 흐름을 읽어야 하는 것이다.

21세기의 3대 키워드를 익혀라

우리가 살아가는 21세기는 세 가지 용어로 대변된다. 하나는 불안과 위기, 둘째는 변화와 도태, 셋째는 정보를 통한 기회의 자유다.

첫째, 불안과 위기란 세계적인 경제위기를 뜻한다. 글로벌 시대의 경제는 전 지구적으로 연결되어 있다. 유럽과 미국 증시 위기로 환율이 출렁이는 것에서도 볼 수 있듯이 지구 저편에서 일어난 일이 우리 경제에도 영향을 미칠 수밖에 없다.

대표적인 사례가 바로 IMF인데, 이 IMF는 외환위기라는 글로벌 위기 여파를 낳았고, 그 결과 우리 사회도 치열한 경쟁사회로 재편되었다. 정리해고로 대변되는 평생직장의 소실, 비정규직으로 대변되는 고용불안, 나아가 실업자의 대량증가라는 현실이 펼쳐지게 된 것이다.

나아가 이런 현실은 21세기의 두 번째 조건인 변화와 도태라는 또 하나의 키워드를 만들어 놓았다. 경제적 자유를 쉽사리 보장받지 못하는 상황에서 이제는 치열한 경쟁을 뚫고 자신의 능력을 증명해보이지 않으면 도태라는 결과를 맞이할 수밖에 없게 된 것이다. 실로 두 번의 경제위기 이후 직장인들은 언제 자신의 책상이 사라질지 모른다는 불안 속에서 살아가게 되었다.

정보를 통해 부를 거머쥐어야 한다

하지만 이런 시대의 변화가 반드시 부정적인 측면만 있는 것은 아니다. 아무나 경제적 자유를 얻기가 쉽지 않다는 자본주의의 특성은 결과적으로 노력하는 자가 성공을 얻는다는 '기회의 자유' 와 연결된다.

이는 현실의 흐름을 파악해 편견을 버리고 새로운 정보를 얻어 시대의 흐름을 장악하는 이들이 반드시 새 아이콘으로 부상하게 된다는 의미이다. 그런 의미에서 열정과 창조의 신화 애플 사의 스티브 잡스, 마이크로소프트 사의 빌 게이츠, 페이스북의 창업자인 마크 주커버그 등이 시대 변화에 도전해 역사를 일군 대표적인 인물일 것이다.

그렇다면 이들의 특징은 무엇일까? 다른 차이들도 있겠지만 가장 큰 것은 시대를 바라보는 안목과 발 빠른 정보 수집일 것이다. 21세기는 이른바 정보의 홍수 시대이다. 여기서 제대로 된 정보를 얼마나 빨리 수집해 실행하는가가 성공의 승패를 가르는 것이다.

이는 계속해서 변화하고 있는 재테크 시장, 비즈니스 시장만 봐도 알 수 있다. 먼저 선점하는 자가 가장 빨리 성공하고 가장 크게 성공하지 않았는가?

그렇다면 당신은 어떤가? 시대의 변화, 새로운 정보에 얼마나 민감한가? 지금 이 순간에도 돈 되는 중요한 정보들이 여러분의 곁을 스쳐지나가고 있다는 것을 인식하고 있는가?

2) 돈을 벌려면 생각하고 공부하고 행동하라

성공한 사람들은 대다수 '성공은 운이 아닌, 준비된 자에게만 다가온다.'고 말한다. 남들 눈에는 벼락부자가 된 것처럼 보이는 사람도 결국은 과정을 준비해온 기간이 훨씬 긴 경우가 많다. 반대로 가난한 이들은 좋은 기회를 발견하기 힘들뿐더러 막상 발견

했을 때도 준비가 부족해 도전하지 못한다.

그렇다면 여러분은 지금 세상을 둘러보며 무엇을 보고 느끼고 있는가? 진심으로 부자가 되고 싶고, 부자가 되기 위한 지식과 능력을 갖추고 있는가? 부자가 되기 위해 항상 정보를 수집하고 공부하고 있는가?

이런 측면에서 부자가 되는 이들의 수식은 다음과 같다.

생 각　▶　공 부　▶　행 동

이는 당장 돈을 벌기 위해 나서는 것보다 돈을 벌기 위해 무엇을 해야 할지를 생각하고, 생각한 뒤에는 이것을 구체화시킬 공부를 해야 하며, 그 공부를 실현하려면 반드시 행동이 필요하다는 의미다.

부자는 정보에 민감하고 행동에 빠르다

그렇다면 과연 행동을 위해 생각하고 공부하는 행동은 어떻게 이루어질까? 바로 경제의 흐름을 끊임없이 파악하고 분석하는 노력이다. 이런 측면에서 부자들의 특징은 다음과 같다.

● 부자들은 남들이 쉽게 간과하는 작은 정보도 민감하게 받아들이며, 그 작은

정보를 더 깊이 알기 위해 세상과 자신에게 많은 질문을 던진다.

- 한 번 들은 정보는 꼼꼼히 기억해두며, 때가 되면 그렇게 저장된 정보들을 꺼내서 기회를 거머쥐는 능력이 뛰어나다.
- 항상 생각하고 공부하며 미래를 그려보는 지적인 시뮬레이션 능력이 뛰어나므로 어려운 시기에도 좌절하지 않고 기회를 잡는다.
- 많은 지식과 장기적 안목을 통해 경기 흐름의 사이클을 파악함으로써 경기의 고점과 저점을 알고 대비한다.
- 경험을 통해 원칙을 축적하는 동시에, 항상 새로운 것에 민감하다.
- 새로운 것에 도전해보는 것을 주저하지 않되, 위험과 이득의 계산을 철저히 한다.

성공을 향한 필수 과목을 습득

어떤 이는 성공을 위해서는 물리적 재테크가 중요하다고 말한다. 이른바 투자로 대변되는 주식과 부동산, 펀드 등이다.

물론 이 역시 한 사람을 부자로 만드는 좋은 기회가 되기도 하지만, 장기적인 관점에서 자신의 역량을 강화하고 가치를 드높이려면 직업을 통한 재테크, 전문성을 통한 재테크에 관심을 가지는 쪽이 실패 가능성도 낮고 보람을 느낄 수 있다.

즉 이제는 성공을 향한 필수과목이 단순 투자가 아닌 경제 흐름 속에서 새로이 탄생하는 뉴 비즈니스, 새로운 시장 탄생이 될 수도 있다는 점이다.

그런 면에서 이 작업은 투자라는 것의 범주를 넓혀 세상을 보다 광범위하게 바라보는 안목이 필요하다. 경제적 흐름을 염두에 두되, 그 안에서 블루오션이라 여겨지는 성공의 아이템을 자신의 삶에 도입해 확장시키는 것이다.

앞서도 설명했듯이 이 작업을 위해서는 반드시 정보의 수집이 필요하다. 그렇다면 그런 정보 수집은 어디서 어떤 방식으로 얻어지는지도 살펴보도록 하자.

3) 하루 1시간씩 읽고 정리한다

크게 성공한 사람들 대부분은 독서광이라는 특징이 있다. 실로 상류층일수록 독서량이 현저하게 높은데, 어릴 때부터 이어진 독서 습관이 성인이 되어서도 영향을 미치며 그 독서량이 한 사람의 사회적 성공에 영향을 미치기 때문이다.

한 설문조사에 의하면 상류층들의 자기계발법은 절반은 50%는 독서, 30% 정도는 신문이나 잡지 구독이라고 한다.

그중에서도 가장 많이 언급되는 독서광 중에 한 사람이 중국 최대의 갑부인 리자청이다. 그는 홍콩의 청쿵그룹 회장으로서 80

살이 넘은 나이에도 불구하고 매일 매일 자기 전 30분을 독서로 보낸다.

돈 버는 독서, 실패를 줄여주는 독서

어떤 이는 한 사람이 벌어들이는 돈은 그 사람이 읽은 책의 양에 따라 늘어나거나 줄어든다고 말한다. 많이 읽는 사람이 결과적으로 직장에서도 더 많은 연봉을 받고, 사업에서도 실패를 줄여 더 많은 수익을 얻는다는 것이다.

나아가 독서는 아이디어의 창고다. 지금껏 내가 생각지 못했던 기발한 아이디어를 책에서 얻을 수도 있다. 책은 무한한 정보를 가진 보고이자, 정확히 알지 못했던 지식을 분명하게 해주는 따끔한 교사이기도 한 셈이다.

또한 독서는 먼저 경험한 이들의 교과서이기도 하다. 몰랐다면 실패할 수도 있었던 부분을 책 속에서 간접적으로 경험해봄으로써 실패를 줄일 수 있다. 그런가 하면 책은 자신감을 북돋아주고 미래에 대한 그림을 그려보며, 깊이 생각할 기회를 제공하는 훌륭한 동기부여가 된다. 그 외에도 책과 독서가 가진 장점은 무궁무진하다. 그저 우리가 그것을 발견하지 못했을 뿐이다. 지금이라도 늦지 않았으니 자기 전 30분 독서, 쉬는 시간 10분 독서 등 다양한 독서 방법을 계획해보자.

부자가 되는 독서 방법은 따로 있다

독서는 책을 읽고 즐기는 행위이지만, 동시에 자신의 발전을 위한 것이다. 사람마다 독서하는 방법이 다르듯이, 부자도 독서하는 방법이 다르다. 그렇다면 부자가 되는 독서는 어떤 특징을 가지는지도 살펴보자.

- 목표를 설정하고 읽는다

서점에 가보면 알겠지만 하루에도 수백 권의 책이 쏟아져 나온다. 그중에서 내키는 대로 집다가는 무엇 하나도 제대로 읽어내기 어렵다. 따라서 지금 내게 걸맞은 책을 찾아내고 고르기 위해 '무엇을 하고 싶은지, 책을 통해 무엇을 얻으려 하는지' 등의 목표를 설정하고 읽는 것이 중요하다.

- 큰 것에서 작은 것으로 순차적으로 읽는다

처음부터 어렵고 세밀한 내용을 도전했다가는 실패하기 십상이다. 한 예로 부자 되는 재테크를 하겠다고 재테크의 기술 세부를 다룬 책에 덜컥 도전했다가는 '뭐가 이렇게 복잡해' 하며 책장을 덮을 수도 있다. 따라서 처음에는 마음, 의식, 생각, 경제, 돈 등 굵직굵직한 사안들을 정리해서 동기부여가 되는 책들을 먼저 읽어보는 것이 실패를 줄이는 길이다.

- 많이 읽기보다는 정확히 읽어라

책을 읽다보면 욕심이 생기고 조급해져서 여러 권의 책을 성급히 읽으려고 한다. 그럴 경우 겉핥기식으로 읽게 되어 중요한 핵심 내용을 스쳐지나가게 된다. 책이란 여러 번 읽고, 줄도 치고 메모도 하며 읽어야 제대로 읽는 것이다. 중요한 내용이 있다면 따로 기록하여 반복해 익혀야 진짜 내 것이 된다. 또한 괜찮은 내용을 주변 사람들과 나누면 복습도 되고 동기부여의 기능도 커지게 된다.

하루에 1시간이면 충분하다

'독서광' 이라는 단어를 들으면 덜컥 겁부터 먹는 이들이 많은데, 독서광은 무작정 많이 읽는 사람이 아닌 꾸준히 읽는 사람에 가깝다. 하루아침에 독서광이 되겠다고 여러 권의 책들을 사들이는 것은 오늘 당장 부자가 되겠다고 돈을 배팅하는 것과 다르지 않다. 그보다는 오늘 이 순간부터 하루에 1시간씩 읽기를 시작하면 된다.

나아가 책을 읽을 준비가 아직 되지 않았다면, 우선 잡지나 신문 등을 살피면서 읽기 습관에 불을 당겨보는 것도 좋다. 그러나 이 모든 것에 앞서서 우리가 꼭 알아야 할 한 가지가 있다. 비단 성공한 사람들의 습관이라서가 아니라, 독서는 우리가 상상하는 이상의 효과를 가져다준다는 점이다.

가능하다면 오늘부터 하루 1시간 독서 플랜을 짜보자. 또한 그 옆에 정리하고 필기할 노트와 펜도 잊지 말자.

4) 성공한 멘토를 찾아 따라하기

밖에서 볼 때 성공한 사람들 대부분은 자수성가한 것처럼 보인다. 당사자 혼자 힘으로 성공을 이룬 것처럼 보이는 셈이다. 하지만 성공에도 나름의 시스템이 있다. 무작정 노력하는 것만으로는 남들이 부러워할 만한 성취와 부를 얻기가 어려우며, 거기에도 일정한 법칙이 있는 셈이다. 따라서 성공하고 싶다면 가장 먼저 성공 시스템을 익힐 필요가 있는데, 그중에 가장 주목해야 할 부분이 바로 모방과 복제다.

우리는 성인이 되는 순간부터 사회적으로 독립적인 존재로 살아가야 한다. 이전에는 많은 보호와 도움, 충고를 받았지만 이후부터는 보호와 도움, 충고도 어디까지나 성인으로서 자율적으로 받아들여야 한다. 다시 말해 위험과 실패 가능성은 늘고, 반대로 보조와 보호 가능성은 줄어든다.

이때 필요한 것이 멘토를 찾아 모방하는 것이다. 내가 미처

보지 못한 것들을 보고, 내가 미처 경험하지 못한 것들을 경험함으로써 내 현실에 충분한 조언을 줄 수 있는 이들을 찾아야 한다.

멘토를 모방하고 복제하라

창조는 모방으로부터 시작된다. 개개인의 개성이 강조되는 지금 시대의 사람들은 과거를 돌아보고 훌륭한 성공 원칙들을 되새겨볼 틈도 없이 앞으로만 달려 나간다. 이 때문에 모방은 현대사회와 어울리지 않는 특성이라고 여긴다. 그러나 모방은 단순히 있는 그대로 베낀다는 의미가 아니라, 다른 것을 본뜨거나 본받는 것을 뜻한다.

지금 도로를 달리는 자동차들을 보라. 자동차는 과거의 마차를 모방함으로써 탄생한 발명품이다. 자동차 이전에 이미 마차가 있었던 것이다. 하늘을 날아다니는 비행기 역시 새의 비행 능력을 모방해 제작된 것이다. 따라서 우리도 '모방' 이라는 단어를 단순한 베끼기가 아닌 새로운 창조의 디딤돌로 생각해야 한다.

이는 인간적인 측면에서도 마찬가지다. 누구나 살아가면서 본받고 싶은 인생과 성공을 발견하게 마련이다. 그 사람은 기업가일 수도 있고, 학자일 수도 있고, 또는 다른 분야의 누군가일 수 있다. 이때 그 사람의 삶을 모방하고 복제함으로써 그의 인생을

나의 것으로 재창조하는 것이야말로 그의 성공을 내 것으로 만들
수 있는 가장 효율적인 방법이다. 즉 누군가를 멘토로 삼아 그의
삶과 성공을 분석하고자 하는 노력을 통해 우리는 몇 단계 더 크
게 성장할 수 있다.

멘토는 멀리 있지 않다

어떤 이는 위인전을 통해 멘토를 찾는다. 또 어떤 이들은 그 시
대의 유명인을 멘토 삼아 그가 걸었던 길을 자신도 걸어보고자
노력한다.

이 역시 훌륭한 멘토링이지만, 사실 멘토는 멀리 있는 사람보
다는 가까이 소통할 수 있는 사람 중에 존재한다. 나이와 성별과
관계없이 훌륭한 삶을 사는 이들이 있다면 그로부터 배워나가는
것이 진정한 멘토링이다.

이처럼 가까이 있는 멘토는 나의 삶을 보다 세심하게 살펴줄
수 있고, 나아가 멘토링을 받는 멘티도 멘토의 삶을 가까이에서
지켜볼 수 있어서 모방하기가 용이하다. 지금 주변을 둘러보라.
존경할 만한 직장동료, 형제, 친구, 또는 부모님이 내 멘토가 될
수도 있다.

만일 이것이 쉽지 않은 환경이라면 다양한 독서를 통해 멘토를
찾는 것도 좋은 방법이다. 책 속의 인물들은 아무 편견 없이 내

삶을 반추하고 미래를 계획하도록 해주는 가장 좋은 멘토가 될 수 있다.

열정과 힘까지도 배워 복제하라

멘토는 자신을 멘토링하는 멘티를 성공의 길로 이끌어야 할 의무가 있다. 또한 멘티는 그런 멘토가 이끌고 제시하는 대안들을 성실하게 모방하고 복제해야 한다.

사업에서 성공한 대부분의 사람들은 대단한 열정과 내면의 힘을 가진 이들이다. 하지만 결코 혼자 성공하는 것은 아니다. 성공한 사람들 주변에는 항상 성공한 사람들이 있다. 따라서 성공한 이를 멘토로 둔다면 그의 인적 네트워크를 배울 좋은 기회를 만날 가능성이 높다.

또한 성공한 사람들이 모여 있는 자리에서 이들의 내면적 힘과 열정을 배워볼 수도 있다. 그 자리는 사적인 모임, 아니면 사업 세미나가 될 수도 있다.

즉 내가 배우고자 하는 성공 멘토가 참석하는 모임이나 자리에 빠지지 않고 참석하는 것 역시 성공한 이들의 열정으로 스스로를 동기부여하는 좋은 기회가 된다.

'맞다, 맞아!' 새로운 시작

1) 성공은 움직이지 않는 당신을 기다리려 주지 않는다

2) 1인 비즈니스로 성공하기

3) 변화를 위한 도전, 비즈니스 시작하기

4) 네트워크 비즈니스 그동안 실패했던 이유는 무엇인가?

1) 성공은 움직이지 않는 당신을 기다려 주지 않는다

매일 출근하는 직장을 지겨워하는 두 사람이 있다. 두 사람은 새로운 삶을 꿈꾸지만, 그 새로운 삶을 추구하는 방법은 각각 다르다. 한 사람은 점심시간, 쉬는 시간마다 불평을 늘어놓지만 막상 월급을 받고 나면 "그래도 이 직장이 편하지" 스스로를 위안한다.

반면 다른 사람은 틈틈이 자신의 사업을 열 준비를 하며 정보를 리서치하고 성공과 실패 가능성을 차분하게 점쳐본다. 아직 완벽히 준비되지는 않았지만 앞으로 6개월 내로 새로운 삶을 살겠다는 계획을 세우고 있다.

두 사람 중에 과연 어느 쪽이 자신이 원하는 불평 없는 삶을 살 가능성이 높을까?

일상에서 벗어나 변화를 꿈꾸자

돈 버는 방법은 결국 자기경영에서 시작된다는 새로운 화두를 담은 책 『돈』, 부와 성공을 향한 마인드 트레이닝을 강조한 『경제적 자유로 가는 길』의 저자이자 '유럽의 머니 트레이너'라고 불리는 보도 셰퍼는 자신의 책에서 이렇게 말한다.

"당신이 생각하는 방식이 현재의 당신을 만들었다. 똑같은 방식으로 생각하는 한 당신은 가고자 하는 곳에 절대 다다를 수 없다."

과거의 방식대로 오늘을 살고, 오늘의 방식대로 내일을 사는 것은 쉽게 말해 '일상을 사는 것'이다. 일상에 안주하는 사람에게는 변화도, 발전도 찾아오지 않는다.

지난 10년을 돌이켜 생각해보자. 과연 그 순간으로부터 나는 얼마나 변했는가, 과연 내 통장의 잔고는 얼마나 늘었는가, 연봉은 올랐는가?

이 모든 점검을 끝냈다면 지금 당장 변화를 원하고 시작해야 한다. 가만히 앉아 있다가는 현상 유지는커녕 오히려 퇴보할 가능성이 높다. 하지만 아무리 결심을 했더라도, 결심이 결심으로만 끝나면 소용없다. 결심만 하는 것으로는 아무것도 변화시킬 수 없기 때문이다.

움직이고 또 움직이자

일반적인 기차는 정류장에 서서 기다렸다가 기차가 멈추면 타고 내리면 된다. 하지만 성공의 기차는 다르다. 성공을 이루고 그것을 유지하는 사람은 끊임없이 자신을 개선하고 변화를 유도하는 사람이다. 마찬가지로 성공을 싣고 달리는 기차는 결코 멈추지 않는다. 그래서 그것을 타려면 함께 뛰어서 올라타는 수밖에 없다.

고인 물처럼 정지되어 있는 생각과 행동으로는 결코 부자가 되는 성공의 기차를 탈 수 없는 것이다. 그렇게 멈추어 있는 것은 겉으로 보면 현상을 유지하는 것처럼 보이지만, 결국은 퇴보와 다름없다. 다른 이들은 성공의 기차를 타기 위해 계속해서 뛰고 있기 때문이다.

나아가 이 움직임이란 결국 변화를 의미한다. 가난한 사람들의 최대의 적은 부정적 사고이다. '부자는 구두쇠처럼 살고, 억척같이 긁어모아 부자가 된 것'이라는 생각, '지금 상황에서는 무엇을 해도 안 될 것'이라는 생각, '돈이 돈을 번다'는 생각, 이 모두가 그 사람의 잠재력을 갉아먹고 희망을 꺾어버린다.

이것을 '부자는 성실하게 일하고 창조적인 마인드로 움직인 사람', '어떤 상황이건 노력하는 사람에게는 그 만큼의 대가가 주어진다'는 생각, '돈이 아닌 기회와 도전이 돈을 번다는 생각'으로 전환해야 한다.

부자와 자신은 어떻게 다른가를 살피자

성공하는 사람이 되는 가장 빠른 길은 성공한 사람, 부자가 된 사람과 자신을 비교해보고 부족한 점을 고쳐나가는 것이다. 부자들은 언뜻 놀고먹는 것처럼 보이지만 사실은 아주 바쁜 사람들이다. 실로, 바쁘게 움직여 구두창이 얼마나 많이 닳느냐가 성공과 부를 결정한다는 사실을 잊어서는 안 된다. 그들은 성공한 것에 만족하지 않고 그 성공을 유지하고 확대시키기 위해 바쁘게 뛰어다닌다. 이런 이들이 아주 가까이에 있다면 행운이다. 그들의 행동력과 열정이 얼마나 뜨거운지를 몸소 경험해볼 수 있기 때문이다. 나아가 진정한 부자들은 자신의 성공 법칙을 알리는 데도 열심이다. 이들이 자신의 경험을 말하는 자리가 있다면 빠지지 않고 참석하라. 이들의 열정을 모방하고, 그들의 행동 하나하나를 익혀 내 것으로 만들어야 한다.

세상에 무엇을 하기에 가장 '적합한 때'는 없다. 돈을 벌고 부를 쌓고, 보다 풍부한 삶을 살고 싶다는 마음을 먹었다면, 그게 바로 첫걸음이다. 지금의 직장이 만족스럽지 않다면, 새로운 직장을 찾아보라. 만일 새로운 사업을 하기로 결정했다면, 그 사업을 하기 위한 준비로는 무엇이 있는지를 살펴라. 두려움 없이 변화의 물결 속으로 뛰어들고 도전하라.

2) 1인 비즈니스로 성공하기

사업의 성패를 결정하는 가장 결정적인 것은 어떤 사업을 선택하는가이다. 그렇다면 1인 비즈니스로 사업을 선택하려면 어떤 점을 고려해야 할지 정확하게 알아보자.

● 가치성 : 내가 하려는 사업 아이템은 얼마나 가치 있는가?

: 아이템을 잘 잡으면 자본도 적게 들고, 나아가 상품 인기도 많은 사업을 꾸릴 수 있다. 여기서 중요한 것은 그 아이템이 얼마나 큰 가치를 가지는가다.

예를 들어 24시간 야식점이나 도로변 포장마차 등은 저 자본으로도 노력만 하면 괜찮은 품질 상태로 고객을 만날 수 있는 사업이다. 그런데 이처럼 저 자본 사업일수록 희소성이 떨어진다는 단점이 있다. 아이템이 좋고 시장성이 괜찮다 싶으면 다들 치열한 경쟁 시장으로 뛰어들기 때문이다.

실제로 거리를 한번 나가보면 이런 포장마차들이나 야식집이 즐비하다. 다들 값싸고 맛있는 먹거리 음식들을 지나가는 사람들을 대상으로 팔다 보니 단골집이라는 곳이 생길 리 없다. 이 때문에 주인들은 서로 목이 터져라 외쳐대며 호객 행위까지 하지만 정작 들어오는 돈은 생각보다 많지 않다.

다시 말해 이처럼 레드오션의 사업들은 투자하는 시간에 비할 때 수익성을 떨어지며, 굉장한 노력과 노하우 등이 없으면 제대로 된 입지를 구축하기가 어려운 만큼 가치성이 높은 아이템을 선택해야 한다.

● 안정성 : 큰 리스크 없이 얼마나 안정적으로 운영할 수 있는가?

: 흔히 사업은 많은 자본금이 필요하다고 생각한다. 물론 큰 자본으로 큰 수익을 거둬들이는 사업도 있지만, 이 경우는 사업이 실패할 경우 엄청난 리스크를 떠안게 된다.

1인 창업에 어울리는 사업은 무자본에서 경험 없이도 시작해 최고의 수익에 도전해볼 수 있는 사업이 적합하다. 자본이 거의 들지 않고 리스크도 적고, 상품군 자체가 훌륭해 인적 네트워크와 입소문을 이용해 마진을 얻을 수 있는 사업이면 안전할 것이다.

사업 아이템 선택 시에는 좋은 사업이란 자본과 비례하지 않는다는 점을 기억하자. 자본의 유무와 규모만으로 돈 놓고 돈 먹기의 게임을 진행하기에는 소비자들이 너무 영리해졌기 때문이다.

● 성장성 : 시대의 흐름과 함께 꾸준히 성장할 수 있는가?

: 사업은 기본적으로 호황과 불황이 있다. 따라서 아이템을 선

정할 때는 시대의 흐름 속에서 블루오션을 찾는 것이 빠른 성공의 지름길이다. 『부자 아빠 가난한 아빠』의 저자인 로버트 기요사키는 성공하는 사업에는 시스템의 원칙이 필요하다고 말한다. 어떤 성공도 결코 우연적으로 이루어지지 않으며, 합리적인 단계를 밟아 올라가야 한다는 것이다.

예를 들어 갈빗집을 하나 운영하더라도 주방과 서빙홀, 계산대의 정확한 움직임이 없이는 절대로 그 가게는 제대로 돌아가지 않는다. 또한 직원들 간에 공유하는 서비스의 원칙, 나아가 그런 직원들을 배려하는 사장의 마인드가 필요하다. 그리고 그런 시스템이 잘 갖춰진 가게는 뭐가 달라도 다르다는 느낌을 줄 수밖에 없다.

따라서 사업을 선택할 때는 돈 놓고 돈 먹기가 아닌, 시스템을 통해 개인과 가치의 성장을 도모할 수 있는 사업 아이템을 고민해야 한다.

● **수익성 : 얼마나 지속적으로 수익을 낼 수 있는가?**

: 수익성은 사업 선택에 가장 중요한 요건이다. 그 사업으로 얼마의 돈을 투자해 얼마나 많은 이익을 얻을 수 있을지를 계산해 봐야 한다. 많은 자본이 드는데 수익은 안정적으로 유지되지 않

는다면 그 사업은 실패한 사업이 다름없다. 단기적으로는 돈이 들어오다가 장기로 갈수록 수익이 줄어드는 사업도 있기 때문이다.

그런 면에서 가장 수익성이 높은 사업이란 사실상 단번에 많은 돈을 투자해 위험을 감안하며 큰 수익을 걷는 사업보다는, 적은 자본으로 꾸준한 수입을 얻을 수 있는 사업일 수 있다. 즉 수익에도 질이 있는데, 양질의 수익이란 금액의 양이 아니라 지속성이라는 의미다. 사업 아이템이 현대사회의 소비 생활과 밀접한 관련을 가짐으로써 사업자에게 꾸준한 수입이 들어오게 되는 사업이라면 도전해볼 만하다.

3) 변화를 위한 도전, 비즈니스 시작하기

인간은 본래 안정적이고 익숙한 것을 좋아한다. 사업에서도 마찬가지다. 남들의 성공사례가 많지 않으면 쉽사리 발을 들이려 하지 않는다.

그러나 지금껏 크게 성공한 이들은 누구도 들여다보지 못한 블루오션을 찾은 이들이었다. 그렇다면 21세기 자본주의 사회 트렌드는 어떤 블루오션을 마련해놓고 있을까?

현명한 소비만으로도 이익을 얻을 수 있다

우리는 자본주의 사회에서 나날이 수많은 소비를 하면서 살아간다. 매일 먹는 음식, 매일 입는 옷, 매일 쓰게 되는 생활용품 등 화폐가 닿지 않는 곳이 없으니 소비 자체가 거대한 돈의 흐름이다. 실제로 통계에 의하면 우리가 받는 월급의 약 70% 이상은 매달 필요한 필수품 등의 재화를 사들이는 데 쓰게 된다고 한다.

그렇다면 우리가 사들이는 이 물건들에 지불되는 엄청난 돈은 과연 어디로 흘러갈까? 우리는 대부분 어떤 물건을 살 때 의심 없이 가격 그대로 지불하고 영수증을 끊어온다. 그러나 여기에 우리가 물건 값 외에 지불하는 비용이 또 있다는 것을 아는가? 바로 유통비와 마케팅 비용이다.

지난 시대에는 판매자가 생산한 물건이 소비자에게 다다르기까지 대략 생산자 → 공급자 → 도매상 → 소매상 → 소비자의 과정을 거쳐야 했다. 게다가 대량의 마케팅 비용까지 덧붙으면서 물건 값은 생산 비용의 몇 배로 치솟았다. 다시 말해 소비자들은 여러 단계의 유통 비용과 마케팅 비용까지 지불하면서 값싼 물건을 비싸게 사들일 수밖에 없었다.

그러나 이제 시대는 달라졌다. 21세기를 흔히 인터넷(internet)과 인적 네트워크(network) 혁명의 시대라고 부른다. 실제로 2008년 기준으로 현재 우리나라 초고속 인터넷 가입자 수는

1500만 명을 넘어섰고, 이런 상황에서 인터넷 쇼핑몰의 매출도 엄청난 속도로 약진해 약 16억 원에 이른다. 그렇다면 이 인터넷과 인적 네트워크는 소비 흐름과 관련해 우리 삶을 어떻게 구체적으로 바꿔놓았을까?

첫째, 인터넷 상에서 클릭 한번으로 물건 구매가 가능한 전자상거래가 발달하면서 기업들의 가격 경쟁이 시작되었다.

둘째, 인터넷을 기반으로 회원제 인적 네트워크를 운영하는 소규모 기업들이 안정적인 입지를 구축하기 시작했다.

즉 이제 소비자들도 열린 공간 속에서 활동하며 더 이상 대기업의 횡포에 좌지우지하지 않고 가장 좋은 물건을 가장 싼 가격으로 구입할 수 있게 되었다. 또한 인터넷이나 인적 네트워크를 통한 직거래가 활발해지면서 마케팅과 유통비를 남기지 않는 정직한 상품들도 다수 등장했다.

다시 말해 "제 값 주고 물건 사는 것은 바보"라는 말처럼, 인터넷과 회원제 네트워크를 이용해 얼마든지 질 좋은 물건을 싸게 구입함으로써 그간 마케팅과 유통에 지불했던 불필요한 지출을 줄일 수 있는 시대가 되었다.

개인사업자로 활동하는 똑똑한 디지털 소비자들

인터넷과 네트워크가 미친 영향을 그것뿐만이 아니다. 실로 이 두 가지 혁명은 돈의 흐름과 긴밀한 새로운 사업 기회를 우리에게 남겨놓았다. 단순히 소비자의 자리에 머물지 않고 스스로 판매자가 되어 인터넷 공간 안에서 판매 활동을 지향하는 똑똑한 디지털 소비자들이 탄생한 것이다.

실제로 인터넷은 TV에 이어 두 번째로 큰 힘을 발휘하는 상품 광고와 구입 매체이다. 수많은 소비자들이 이 인터넷을 통해 상품에 대한 정보를 얻고 쇼핑을 하다 보니, 이 인터넷 상에서 자기 상품을 마케팅 하는 거대한 장까지 형성되었다.

그러다 보니 또 다른 결과가 생겨났다. 바로 소비자와 판매자의 구분이 사라지고 소비자와 판매자를 겸하는 현명한 디지털 소비자들이 등장한 것이다.

이들은 단순히 인터넷을 통해 물건만 구입하는 것이 아니다. 인터넷을 통해 많은 정보를 얻고 서로 힘을 합치며 기업의 상품에 자신의 영향력을 행사하고, 때로는 소비자 자신이 판매자로 변신해 활발하게 상품을 판다.

다시 말해 21세기 정보통신과 네트워크 사회에서는 판매자는 판매자, 소비자는 소비자라고 정확히 규정되지 않는다. 오히려 기업과 소비자가 협력하고 그 안에서 함께 이익을 얻고 발전하는 원원의 소통 방식이 이뤄지고 있다.

네트워크 비즈니스 또한 이런 물결을 타고 생겨난 새로운 사업이다. 네트워크 비즈니스는 점포 없이 직거래에 가까운 가격으로 물건을 팔고 산다. 인터넷 공간을 이용하고, 인적 네트워크를 구축해 판매를 시행함으로써 생산 기업의 마케팅과 유통 비용을 내몫으로 가져온다.

네트워크마케팅과 신흥부자의 탄생

실제로 미국의 경우 이미 80년대에 이 네트워크 사업을 통해 매해 20%씩 신흥부자들이 탄생한 바 있다. 그들은 각자의 이웃과 가족, 나아가 낯선 이들에게 자신들의 질 좋은 물건을 가장 합리적으로 전달하여 사업을 했다. 그리고 일정한 네트워크를 구축해 꾸준한 수익을 얻었다.

물론 우리나라 사람들에게 사업이란 많은 자본이 필요한 일처럼 여겨진다. 그러나 앞서도 설명했듯이 이 시대의 엄청난 사업은 자본과 비례하지 않는다. 오히려 시대의 흐름 속에서 블루오션을 찾는 것이 성공의 지름길이다.

그런 면에서 적은 자본을 이용해 일정한 상품을 내가 직접 구입하고 주변 사람에게 권하는 것만으로도 고정적인 수입을 얻을 수 있는 네트워크 비즈니스 시스템은 우리 생활과 가까운 가장 안정적인 사업일 것이며, 새롭게 도전해볼 만한 가장 가까운 사업일 것이다.

네트워크마케팅을 통해 연봉 1억에 도전하는 이들

그렇다면 네트워크마케팅으로 과연 얼마나 큰 수익을 얻을 수 있을까? 언뜻 도전하기 용이한 사업이라서 수익이 지나치게 적지는 않을까 생각될 것이다.

보통 직장인이 연봉 1억을 받으려면 어떤가? 대기업 상위 요직자가 아니면 불가능하다. 그러나 전분식은 조금 다르다. 한 분야에서 전문적인 기술을 쌓은 베테랑들은 자신의 신용과 경험을 통해 높은 가치를 부여받는다. 실로 고급 전문직들 중에는 연봉 1억을 넘게 받는 사람들이 적지 않다.

네트워크마케팅도 다르지 않다. 네트워크마케팅은 네트워크 시스템 하에서 열심히 발로 뛰고 성과를 얻는 전문적 마케팅이다. 따라서 노하우와 경험, 기술이 쌓일수록 더 많은 수익을 얻게 된다. 나아가 학벌과 연령, 성별의 장벽이 없으므로 내 주변에도 수많은 사람들이 네트워크마케팅 사업자로서 새로운 삶을 꿈꾸며 1억 연봉에 도전하고 있다.

물론 시작부터 매해 1억을 버는 것은 불가능하다. 그러나 네트워크 시스템에는 하나의 큰 장점이 있다. 일단 그룹 시스템을 견고하게 갖춰놓으면 이것이 무한대로 복제되어 큰 시장을 이룬다는 점이다. 그런 면에서 네트워크마케팅은 시스템이 자생력을 가지고 확대될 때까지 투자하는 시간과 노력이 관건이다.

나아가 네트워크마케팅으로 성공한 내 주변 사람들에게는 또 하나의 커다란 변화가 생겼다. 바로 삶에 대한 의욕이다. 어쩔 수 없이 하기 싫은 일을 먹고살기 위해 하는 것이 아니라, 스스로 사업을 구축하고 높은 수익을 얻는 와중에 삶에 대한 태도가 긍정적으로 변화한 것이다.

모두가 네트워크마케팅을 통해 성공자가 되고 있다

단적으로 말해 네트워크마케팅은 피할 수 없는 대세다. 현대사회는 필연적으로 소비사회이며, 상품을 파는 기업들도 최대한 광범위한 마케팅으로 유통비를 줄이고 충성 고객을 얻기 위해 노력하고 있다.

현재 KT와 LG 등 유수의 대기업들이 네트워크마케팅을 통해 새로운 활로를 찾고자 하는 것도 네트워크마케팅이 광범한 인적 네트워크 구축을 통해 지속적인 수익을 가져오는 등 대단히 긍정적인 면모를 갖추었기 때문이다.

이처럼 네트워크마케팅에 도전해 성공과 부를 얻은 기업이나 사업자들은 이 같은 상품 판매와 소비 트렌드의 변화에 민감하게 반응한 이들이다. 또한 이런 사업자들은 앞으로 현대사회가 지속되는 한 기업과 소비자가 윈윈하는 판매 형태가 더욱 더 성장하고 지속될 것으로 내다보고 있다.

물론 불법 피라미드 다단계와 같은 잘못된 사행 조직들도 생겨나긴 했지만, 기업은 광고비와 유통비를 줄이고 소비자들은 질 좋은 물건을 거품 없는 가격에 구입하는 동시에 그로부터 꾸준한 이익을 얻는 네트워크마케팅의 미래는 밝을 수밖에 없다.

나아가 여느 사업과 마찬가지로 물론 이 사업에 도전해 실패한 사람도 분명히 존재한다. 하지만 그것은 네트워크마케팅에 원천적인 문제가 있다기보다는 잘못된 사업 방식이나 편견, 그 외의 다양한 오류들이 결합한 경우가 더 많다. 또한 한번 실패가 영원한 실패는 아니듯이, 만일 실패한 경험이 있다면 다음 장을 자세히 살펴보고 실패의 원인을 분석해 수정해나가야 할 것이다.

4) 네트워크 비즈니스 그동안 실패했던 이유는 무엇인가?

● 한 우물만 파지 않았기 때문

: 모든 사업은 사람의 열정을 먹고 자란다. 나무를 가꾸고 돌보

듯이 그 사업에 대한 애정을 가지고 장인정신으로 이어가야 하는 것이다. 그러려면 그 사업에 대해 많은 정보를 얻고 분석하며 더 깊은 세계를 알아나가려는 호기심과 노력이 필요하다.

대다수의 사업이 실패하는 이유도 이 부분에서 기인한다. 제대로 알아보지도 않고 감정적으로 사업을 선택한 뒤 마음에 들지 않거나 초기 수익이 나지 않으면 금방 그만두고, 또 다른 사업을 찾아 나서기 때문이다.

따라서 실패 가능성을 줄이려면 사업 선택 시에 '한 우물을 파도 아깝지 않은' 아이템을 숙고해서 선정하고, 일단 사업에 돌입하면 당장 수익이 많지 않더라도 장기적인 안목으로 꾸준히 사업 가치를 높이기 위해 노력해야 한다. 그런 면에서 네트워크 사업은 평생을 두고 도전해볼 수 있는 훌륭한 사업이다.

● 일확천금의 환상에서 벗어나지 못했기 때문

: 사행심은 사업을 망가뜨리는 가장 나쁜 심리 상태이다. 주변을 둘러보라. 노력하지 않고 성공을 거둔 사람이 몇이나 있는가? 시간 투자를 충분히 하지 않은 사업자가 갑자기 많은 돈을 번다는 건 사실 망상에 가깝다는 걸 여러분도 알 것이다.

실로 정상급 수준을 성취한 1인 네트워크 사업자들의 이야기를 들어보면 그야말로 눈물겨운 사연이 한둘이 아니다. 주위 사람들의 편견과 배척과 싸우고, 발로 뛰면서, 밤잠을 줄여서 책을 읽고, 휴일에도 수많은 미팅에 나가며, 스스로 올바른 시스템을 쌓기 위해 노력해온 이들이다. 만일 이런 이들을 한번이라도 곁에서 살펴보면 노력 없이 일확천금이 가능하다는 생각도 사라질 것이다.

● 지인들과의 신뢰 상실 때문

: 사업의 절반은 인심이라는 말이 있다. 심지어 동네의 식당도 단골손님을 제대로 대접하지 않으면 장사하기가 어려워진다.

마찬가지로 사업도 고객들에 대한 철저한 관리가 필요하다. 나아가 사업은 혼자 하는 것이 아니다. 가까운 지인들의 도움도 필요하다. 특히 서로 상품을 소개하며 그룹을 만들어가는 인적 네트워크가 기반인 네트워크 1인 비즈니스는 더더욱 그렇다. 지인들에 대한 신뢰 상실은 곧바로 사업의 추락을 의미하는 만큼 진정성 있고 진실한 사업 관계를 쌓기 위해 노력해야 한다.

● 성공에 대한 마인드 정립 부족 때문

: 사업은 마인드 싸움이다. 막상 시작할 때는 모든 것이 잘될 것 같지만 어려운 난관이 닥치기도 하며, 매년 매달 상황에 걸맞은 계획을 세우고 도전해야 하는 장기전이다. 따라서 사업을 시작하기 전에 몇 가지 숙고해볼 질문들이 있다.

- "어째서 이 사업을 선택했는가?"

- "이 사업의 규모는 어느 정도로 할 것인가?"

- "어느 정도의 자본과 시간을 투자할 것인가?"

- "나는 이 사업을 통해 무엇을 얻으려고 하는가?"

- "나에게 있어 성공은 무엇인가?"

- "어째서 나는 부자가 되려고 하는가?"

- "구체적인 장기적·단기적 목표는 세웠는가?"

- "이 사업을 누구와 함께 만들어갈 것인가?"

- "만일 사업이 어려워질 경우 어떻게 대처할 것인가?"

- "이 사업을 통해 얻은 성공을 누구와 함께 나눌 것인가?"

바닥 공사가 튼튼한 건물은 쉽게 무너지지 않는 것처럼, 이 같은 성공 마인드를 탄탄히 쌓아놓으면 어려움 앞에서도 쉽게 좌절하지 않는다.

● 정보에 대한 판단 부족 때문

: 21세기는 수많은 돈 되는 정보들이 흘러 다니는 시대이다. 하지만 이 정보를 누구나 획득하고 삶에 적용할 수 있는 것은 아니다. 지속적인 정보 리서치는 물론이거니와 정보의 홍수 속에서 양질의 정보를 선별할 수 있는 정보 선별 능력이 반드시 필요하다.

최근의 주식시장과 부동산 시장을 보자. 주식은 한 번에 큰돈을 벌 수 있으며, 부동산이야말로 불패 투자처라는 정보만 믿고 덜컥 투자한 수많은 사람들이 돌이킬 수 없는 손해를 보고 후회 속에서 나날을 보내고 있다.

이는 재테크에서만 벌어지는 일이 아니다. 사업을 시작할 때도 잘못된 정보를 믿고 잘못된 판단을 내림으로써 아이템 선택에 실패할 수 있다. 따라서 정보 수집과 선별 때는 한쪽의 말만 듣는 편견을 버리고 종합적 판단을 내림으로써 자칫 빠질 수 있는 오류를 경계해야 한다.

미래는 도전하는 자의 몫이다

우리는 현대사회라는 거대한 패러다임 속에서 살아간다. 이 복잡한 현대사회는 복잡한 만큼 선택할 수 있는 방향도 다양하다. 사업도 마찬가지다. 성공 가능성이 높은 사업은 무엇보다도 내가 잘 할 수 있는 사업, 나아가 시대가 요구하는 사업이어야 한다.

1인 창업 네트워크 비즈니스는 네트워크와 소비문화의 발달이라는 현실에 기반해 시작할 수 있는 가장 위험성이 적은 사업이자 인적 네트워크에 기반해 무한대로 확장될 수 있는 가능성 높은 사업, 생활 소비를 통해 수익 일부를 인세처럼 평생 지급받게 되는 안정적인 사업이다.

나아가 이 사업에는 학벌도 연령 제한도 없고, 나아가 대리점을 설립하는 데 필요한 엄청난 자본도 필요 없다면 어떻게 하겠는가? 누구나 시작할 수 있는 이 기회를 그냥 흘려보내겠는가?

길면 긴 100년 인생, 이 책은 우리 인생에는 단 한 번의 기회만 있는 것이 아님을 말씀드리고자 한다. 자신의 꿈에 믿음을 가지고, 그것을 쫓는 이들에게 인생은 길고 아름다운 여정이다. 중요한 것은 꿈을 잃지 않고 주어진 현실에서 자신의 길을 재창조하는 것이다.

경제적 자유는 결코 무리한 투자 속에 있지 않다. 미래를 바꾸겠다고 생각했다면 눈앞의 현실을 정리하고 미래를 설계하라.

긍정적인 첫 걸음을 떼는 순간 여러분의 눈앞에도 현실적인 행복이 성큼 다가와 있을 것이다.